DIGITALE WANDERKARTE
Karte in der App freischalten

MAPPA DELLE ESCURSIONI DIGITALE
Abilitazione della mappa nell'App

DIGITAL HIKING MAP
Activating the map in the app

Map

Den Kartenbereich der gekauften Wanderkarte in der **KOMPASS Wanderkarten-App** freischalten:

Abilitare l'area della mappa delle escursioni acquistata nell' **App mappa delle escursioni KOMPASS**:

Activating the map area of the purchased hiking map in the **KOMPASS hiking maps app:**

Download on the App Store

GET IT ON Google Play

1. App herunterladen und anmelden
Download dell'App e accesso/Download and register the app

Die Wanderkarten-App im App Store oder in Google Play herunterladen und über die App oder über **www.kompass.de** anmelden.

Scaricare l'App delle mappe delle escursioni dall'App Store o da Google Play o dall'indirizzo **www.kompass.de**

Download the hiking maps app in the App Store or the Google Play Store and register it via the app or at **www.kompass.de**

2. Karte freischalten
Abilitazione della mappa/ Activate the map

Auf **www.kompass.de/app/karte** kann die Karte mit dem Code freigeschalten werden.

All'indirizzo **www.kompass.de/app/karte** è possibile abilitare la mappa con il codice.

The map can be activated with the code at **www.kompass.de/app/karte**

W0187263

3. Karte herunterladen
Download della mappa/Download the map

Der Kartenbereich kann jetzt in der App gratis heruntergeladen und offline genutzt werden.

A questo punto è possibile scaricare gratuitamente l'area della mappa nell'App ed utilizzarla offline.

The map area can now be downloaded free of charge in the app and used offline.

Code:
Codice:/Code:

978-3-99121-589-9

Alle Wanderkarten von KOMPASS nutzen:
Utilizzare tutte le mappe delle escursioni di KOMPASS:
Use all KOMPASS hiking maps:

KOMPASS PRO

Am Kartenrand angekommen? Alle Karten in unserer App verfügbar!
Stockeralm
Alpengarten
1683
Brecherspitz
1560
Jägerbauernalm
8:02
Wo willst du hin?
Spitzingsattel
1127
Spitzingalm
Imbissstube
DAV Haus
Spitzingsee
Spitzing-
see
BLSV-Haus
Arabella
Alpenhotel
Gundlalm
Klausenhütte
Lyra Alm
Alte Wurzhütte
Spitzingsee
1090
E-Werk1
Albert-Link-Hütte
1053
Wilde Fräule
Schönfeld
Schwarzenkopf
1464
Diensthütte
Stümpflingbahn
Grünseealm
Wildfütterung
Bleckstein-
Winterstube
Blecksteinhaus
1060
Untere
Haushameralm

RATGEBER
Für einfache Orientierung mit der App

ASSISTENTE (IT)
Orientamento semplice grazie all'App

GUIDE (E)
For simple orientation with the app

IMMER WISSEN, WO MAN IST

Die Orientierung ist auf der digitalen Karte dank GPS ein Kinderspiel. Ein roter Punkt zeigt den aktuellen Standort und mit einem Pfeil in die Marschrichtung.

(IT) LOCALIZZAZIONE SEMPRE AGGIORNATA

L'orientamento sulla mappa digitale diventa un gioco da ragazzi grazie al GPS. Un puntino rosso mostra la posizione corrente e la direzione di marcia è contrassegnata da una freccia.

(E) KNOW WHERE YOU ARE AT ALL TIMES

Orientation on the digital map is child's play thanks to GPS. A red dot indicates your current location and an arrow which way to walk.

GLEICHES KARTENBILD

Wanderkarten und die Wanderkarten-App sind eine perfekte Ergänzung. Eine gedruckte Wanderkarte sollte zur Sicherheit immer dabei sein. Die KOMPASS Karte besitzt das gleiche Kartenbild wie in der digitalen Form. Damit lässt sich perfekt mit beiden Medien arbeiten.

(IT) PROFILO CARTOGRAFICO UNIFORME

Le mappe delle escursioni e l'App delle mappe delle escursioni si integrano alla perfezione. Si consiglia di portare sempre con sé una versione cartacea della mappa delle escursioni. La mappa KOMPASS dispone dello stesso profilo cartografico del formato digitale. Grazie a questa soluzione è possibile orientarsi con entrambi i supporti.

(E) THE SAME MAP IMAGE

Hiking maps and the hiking maps app go perfectly together. A printed hiking map should always be carried for safety reasons. The KOMPASS map has the same map image as in the digital form. So it's perfectly easy to work with both media.

PRAKTISCHES FORMAT

Eine Wanderkarte bietet eine perfekte Übersicht über eine Region. Während einer Wanderung bietet die digitale Karte den Vorteil des handlichen Smartphone-Formats. Es kann einfach in die Hosentasche gesteckt werden und ist somit immer griffbereit.

(IT) FORMATO PRATICO

Una mappa delle escursioni offre una perfetta panoramica di una regione. Nel corso di un'escursione la mappa digitale offre il vantaggio del pratico formato smartphone. È possibile conservarla senza difficoltà nelle tasche dei pantaloni risultando sempre a portata di mano.

(E) A PRACTICAL FORMAT

A hiking map provides a perfect overview of a region. During a hike the digital map offers the advantage of the convenient smartphone format. You can simply put it in your pocket and it's always close at hand.

SKALIERBAR

Während eine gedruckte Wanderkarte einen fixen Maßstab besitzt, kann die digitale Karte vergrößert werden, um Details besser ablesen zu können.

(IT) INGRANDIMENTO E RIDUZIONE IN SCALA

Mentre una mappa delle escursioni in versione cartacea presenta una scala fissa, è possibile ingrandire la mappa digitale per leggere meglio i dettagli.

(E) SCALABLE

While a printed hiking map has a fixed scale, the digital map can be enlarged in order to read details better.

LIVE SIGNAL UND AUFZEICHNEN

Mit der KOMPASS App können die Touren aufgezeichnet werden oder zur Sicherheit mit anderen Live geteilt werden.

(IT) LIVE SIGNAL E REGISTRAZIONE

Grazie all'App di KOMPASS è possibile registrare i tracciati o condividerli con altri utenti in tempo reale per motivi di sicurezza.

(E) LIVE SIGNAL AND RECORD

With the KOMPASS app tours can be recorded or shared live with others for safety.

INHALTSVERZEICHNIS

Indice/Contents

DEUTSCH

OUTDOOR THEMEN

WANDERTOUREN

ITALIANO

TEMI ALL'APERTO

CAMMINATE

ENGLISH

DEUTSCH/ITALIANO/ENGLISH

Zeichenerklärung WANDERTOUREN/Legenda delle camminate/Hiking tour symbols

Streckentour Itinerario One way tour	Gehzeit Durata Walking time
Rundtour Giro turistico Circuit tour	Höhenmeter Aufstieg Dislivello salita Elevation gain
Länge Lunghezza Distance	Höhenmeter Abstieg Dislivello discesa Elevation loss

ACTION

Für mutige Abenteurer

An actionreichen Aktivitäten mangelt es nicht im und südlich des Pustertals. Spannend sind die vielen Mountainbike-Routen, die hoch hinauf zu den Hütten führen und anschließend rasante Abfahrten bieten. Auch der Blick aus der Vogelperspektive vom Gleitschirm auf die Dolomitenfelsen und den Alpenhauptkamm wird zumindest allen Anfängern ordentlich Adrenalin in die Adern pumpen. Im Winter lockt die Skiregion Kronplatz mit tollen Pisten und zwei Snowparks.

DOWNHILLSTRECKE HERRNSTEIG (A/B 1) | Der Kronplatz zieht auch im Sommer viele Outdoorsportler an, u. a. wegen der zahlreichen Freeride-Möglichkeiten. Zur Auswahl stehen insgesamt 6 Strecken, darunter eine einfach bis mittelschwere, zwei mittelschwere und drei schwierige Strecken. Wer aus dem Flachland kommt, kann zunächst mit gut ausgebildeten Freeride-Guides erste Fahrversuche im alpinen Gelände unternehmen. Beste Räder und die notwendige Schutzausrüstung können vor Ort ausgeliehen werden. Von den sechs Trails sind vier mit Seilbahnen erreichbar. Der schwere Herrnsteig-Trail ist 8 km lang und startet am Gipfel.

www.kronplatz.com/de/aktivitaeten/mountainbike

PARAGLEITEN (A/B 1/2) | Dank der guten Erreichbarkeit, der zahlreichen Aufstiegshilfen und der exponierten Lage zählt der Kronplatz zu den beliebtesten Startpunkten der Paragleiter im Pustertal. Auf Anfänger wie erfahrene Piloten warten hervorragende Flugverhältnisse und ein Traumpanorama: Nach Osten und Süden in die Dolomiten, nach Norden auf den Alpenhauptkamm. Neulinge können einen Tandemflug buchen.

Tandemflights Kronplatz
Seilbahnstraße 10, I-39031 Bruneck (BZ)
Tel. +39 349 5641605
www.tandemflights-kronplatz.com

Kronfly
Reiperting 27
I-39031 Bruneck-Reischach (BZ)
Tel. +39 340 0069399
www.kronfly.it

SNOWPARKS AM KRONPLATZ (A/B 1) | Den neu angelegten Snowpark auf dem Kronplatz findet man zwischen den Pisten Belvedere und Plateau auf 2.230 m Höhe. Der Snowpark ist Richtung Süden ausgerichtet und liegt direkt an der Belvedere-Kabinenbahn. Zur Auswahl stehen Easy Line, Medium Line, Premium Line und die Family Fun Line – Anfänger sowie erfahrene Snowboarder finden hier ihre perfekte Linie. Es gibt 10 Kicker (1–16 m), 7 Rails und Tubes, 6 Boxen und einen Nightpark. Der Snowpark Korer Park befindet sich auf der Piste Korer unweit der Talstation Reischach (Kabinenbahn Korer). Er richtet sich vor allem an Kinder und Jugendliche, die zweimal pro Woche auch am Abend auf den neuen Boxen üben können.

Tel. +39 0474 548 225
www.snowparkkronplatz.com

KLETTERSTEIGE IM NATURPARK FANES-SENNES-PRAGS | Der Naturpark bietet Sportkletterern vor herrlicher Dolomitenkulisse unterschiedlich schwere Klettersteige, darunter den schweren Olanger Klettersteig am Hochalpenkopf (D 2; 6 Std., 9 km, 1.080 Hm) sowie den ebenfalls schweren Klettersteig auf die Neunerspitze (B/C 4; 8 ½ Std., 19,4 km, 1.510 Hm). Letzteren erreicht man über die Lavarella-Hütte (C 4). Dazu kommen zahlreiche Klettergärten, z. B. am Pragser Wildsee und an der Plätzwiese.

www.suedtirolerland.it/de/freizeit-aktiv/bergsteigen-klettern/klettergaerten/

ABENTEUERPARK TOBLACH (I 2) | Der Hochseilgarten ist der größte im Pustertal und bietet 13 unterschiedlich schwere Parcours, die zwischen Fichten und Lärchen verlaufen: Mal geht es entlang von Netzen, dann über Balken, Baumstämme, Seilbahnen und Brücken, die 3 bis 60 m lang sind. Der höchste und schwerste Parcours verläuft in 8 bis 10 m Höhe. Für zusätzliche Spannung sorgen 15 Flying-Fox-Anlagen. Die Hälfte der Parcours ist für Kinder geeignet. Vor dem Begehen des Parcours erhalten alle Kletterer eine Sicherheitseinführung. Im Juli und August ist der Hochseilgarten durchgehend geöffnet, im Mai und Juni nur tageweise – einen Kalender findet man auf der Homepage.

Seeweg 20
I-39034 Toblach (BZ)
Tel. +39 333 2491500
www.abenteuerpark.it/toblach

SKYSCRAPER KRONPLATZ (A/B 1) | Die Riesenschaukel auf der 2.275 m hohen Gipfelkuppe des Kronplatzes ist nichts für Leute mit schwachen Nerven. Schon für den Start braucht man Nerven wie Stahlseile, wird man doch 15 m in die Höhe gezogen und muss sich dann eigenhändig ausklinken. Belohnt wird man mit einem herrlichen Blick auf die Dolomiten, die Zillertaler Alpen und die Pfunderer Berge – aus ungewöhnlicher Perspektive. Gut vergurtet schaukelt man an Stahlseilen hängend durch die Luft. Mitte Juni bis Mitte September.

Tel. +39 0474 551500
skirama@kronplatz.org
www.kronplatz.com

AKTIV

Für vielseitigen Freizeitspaß

Das Pustertal ist sommers wie winters ein reizvolles Urlaubsziel. Bekannt sind die Dolomiten für ihre anspruchsvollen Klettersteige. Aber auch viele attraktive Hüttenwanderungen sind im Naturpark Fanes-Sennes-Prags möglich. Alternativ kann man sich die Region mit dem Rad erobern, sportlich mit dem Mountainbike oder bequem mit dem Tourenrad im Talboden auf dem Pustertaler Radweg. Im Winter zieht es die Skifahrer auf den Kronplatz, die Langläufer zu den kilometerlangen Loipen im Tal und im Naturpark.

PANORAMAWEG KRONPLATZ (A/B 1/2) | Die aussichtsreiche Runde startet an der Bergstation und leitet vom abgeflachten Gipfel in nordöstlicher Richtung hinunter in die Gratsenke (2.153 m) vor dem Spitzhorn, dann über eine Straßenschleife weiter abwärts zur Geiselsberger Hütte (2.080 m). Nun im Uhrzeigersinn auf der Sandstraße um den Kronplatzgipfel herum zum Col Catovi (2.091 m). Dabei hat man freie Sicht auf das Dolomiten-Panorama, von den Sextenern über die Ampezzaner Dolomiten und die Marmolada bis zum markanten Peitlerkofel. Am Schlussanstieg zur Seilbahnstation zeigen sich dann auch die vergletscherten Zillertaler Dreitausender.

Startpunkt: Bergstation der Kronplatz-Seilbahn
www.kronplatz.com

WANDERREITEN | Das Pustertal und der Naturpark begeistern Pferdeliebhaber nicht nur wegen ihrer einzigartigen Kulisse, sondern auch wegen der vielen Möglichkeiten, die Landschaft hoch zu Pferd zu entdecken. So bieten Bauern- und Reithöfe mehrtägige Ausritte über die Almen zu urigen Hütten an, das Gepäck in der Satteltasche und einen kundigen Begleiter vorweg. Im Winter locken Pferdeschlitten- und Kutschfahrten, z. B. in St. Vigil in Enneberg (A 2). Besonders beliebte Pferde sind natürlich die geländegängigen und trittsicheren Haflinger.

St. Vigil in Enneberg (A 2/3): Horse Trekking Mareo, www.horsetrekking.it
Oberolang (D 1): Reitschule Tolderhof, www.hotelresort-tolder.com
Mitterolang (C/D 1): Reitstall Tharerhof, www.tharerwirt.com

SKIGEBIET KRONPLATZ (A/B 1/2) | Zu den bekanntesten Skigebieten Südtirols zählt der Kronplatz, eine breite, weitgehend baumfreie Kuppe mit einzigartigem Panoramablick zum Alpenhauptkamm und über die felsigen Gipfel der Dolomiten. Hier finden Skifahrer und Snowboarder 119 Pistenkilometer, die über 32 moderne Liftanlagen erschlossen sind. Beliebt ist auch der Nachtskilauf bei Flutlicht. Insgesamt gibt es sechs Talabfahrten, u.a. die Abfahrt nach Olang (6,5 km, 1.170 Hm) und die Abfahrt nach St. Vigil (6 km). Zudem gibt es nach Süden einen beliebten Anschluss an die Sellaronda-Runde und damit an das Skigebiet Dolomiti Superski. Es gibt mehrere Skischulen und Möglichkeiten, auf dem Gipfel und in den Talorten St. Vigil, Olang, Welsberg und Taisten die notwendige Ausrüstung zu leihen.

www.kronplatz.com

RADTOUR ZUM DÜRRENSEE (I 1-4) | Durch das Höhlensteintal führt ein Radweg zu einem der schönsten Bergseen Südtirols, dem Dürrensee. Die Zahl der Höhenmeter hält sich in Grenzen, folgt der (ungeteerte) Radweg doch der alten Eisenbahntrasse von Toblach nach Cortina. Vom Bahnhof radelt man über die Langlaufarena zum Toblacher See und weiter zum Dürrensee. Ein Muss ist der Halt beim Hotel Drei-Zinnen-Blick (I 4), um eine Foto von den berühmtesten Gipfeln der Region zu schießen. Ausdauernde Radfahrer können die Tour bis Cortina (insg. 40 km) fortsetzen und mit dem Linienbus zum Ausgangspunkt zurückkehren – 1½ Std. Fahrzeit, 22,1 km, 190 Hm.

Startpunkt: Bahnhof Toblach (I 2)

PUSTERTALER RADWEG | Der Radweg (Pusterbike) ist Teil des 460 km langen Drau-Radwegs, der von Bruneck kommend entlang der Drau durch Osttirol, Kärnten und Slowenien nach Eibiswald/Steiermark führt. Von Bruneck bis Lienz wird er auch als Pustertaler Radweg bezeichnet. Auf der nördlichen Seite liegen die Villgrater Berge, auf der Südseite die Sextner und Lienzer Dolomiten. Im Herbst 2018 wurde der Radweg bei einem Unwetter stark beschädigt, es ist daher dringend empfohlen, sich vor Ort über die geplante Sanierung des Radwegs zu erkundigen.

www.pustertal.org

LANGLAUFLOIPE TOBLACH – CORTINA D'AMPEZZO | Langläufer aus aller Welt zieht es zu den kilometerlangen Loipen, die in die Bergtäler des Naturparks Fanes-Sennes-Prags hineinführen. Zu den bekanntesten zählt die 42 km lange, technisch aber einfache Loipe zwischen Toblach und Cortina. Sie verläuft vom Langlaufzentrum Nordic Arena in Toblach (I 2, 1.200 m) durch das Höhlensteintal über den Toblacher See nach Gemärk, dem höchsten Punkt (H 4, 1.530 m). Weiter geht es über Ospitale (G 5) und Fiames nach Cortina. Über weite Strecken folgt die Loipe der alten Bahntrasse, die bis 1962 Toblach mit Cortina d'Ampezzo verband. Unweit des Dürrensees genießt man den berühmten Drei-Zinnen-Blick. Der Linienbus 445 ermöglicht jederzeit die Rückkehr nach Toblach.

www.hochpustertal.net/sport/winteraktivurlaub/langlaufloipen/toblach-cortina/
Fahrpläne: www.suedtirolmobil.info

KINDER

Für kleine Helden

Der Kronplatz wirbt für sich, ein Familienberg zu sein, der ganzjährig Familien viele Attraktionen bietet, beispielsweise ein Indianerdorf und eine Kletteranlage. Im Winter gibt es ausgewiesene Areale, ein Restaurant und Skikurse für Kinder. Aber auch in den Talorten bemüht man sich mit ausgefallenen Abenteuerspielplätzen wie der Kinderwelt Olang oder der Wald-Wunder-Welt um die kleinen Urlaubsgäste. Ist der Sommer heiß, zieht es alle ins Freischwimmbad Welsberg und zum Naturbadesee in Toblach.

KIKERIKI-KINDERKLETTERSTEIG KRONPLATZ (A/B 1) | Seit kurzem bietet der Kronplatz neben dem Kletterpark (Hochseilgarten) Familien auch einen Kinderklettersteig, der den Nachwuchs mit der beliebten Sportart vertraut macht. Gesichert durch einen Kinder-Klettergurt (der erst am Ende des Klettersteigs gelöst werden kann) lernen die Kinder gefahrlos die Technik des Klettersteiggehens. Die Ausrüstung kann im Indianerdorf ausgeliehen werden. Kinder unter 12 Jahren müssen von einem Elternteil begleitet werden. Eltern, die selbst noch keine Erfahrung haben, können eine geführte Klettertour (Juli und Aug.) für ihren Nachwuchs buchen.

Tel. +39 0474 836768
www.outdoor-kronplatz.com

BOOTSFAHRT AUF TOBLACHER SEE (I 2) UND PRAGSER WILDSEE (E 2/3) | Sowohl auf dem Toblacher See als auch auf dem malerisch gelegenen Pragser Wildsee (Bild) können im Sommer kleine Ruderboote ausgeliehen werden. Während Kinder vor allem Spaß an der Bewegung haben werden, können die Eltern die traumhafte Bergkulisse genießen. Auf dem Pragser Wildsee konnte das Südufer lange Zeit ausschließlich mit diesen nostalgischen Ruderbooten erreicht werden.

Bootsverleih Pragser Wildsee (Nordufer):
la-palafitta.com
Juni–September täglich 10–17 Uhr
Bootsverleih Toblacher See:
Tel. +39 0474 973267

KINDERWELT OLANG (D 1) | Natur entdecken, erfahren und erleben – das ist das Motto des ganzjährig gratis zugänglichen Naturspielplatzes am Pustertaler Radweg. Der Abenteuerspielplatz bietet einen abwechslungsreichen Waldspielplatz, eine Wasserwelt sowie eine Kletterwelt. Unbestrittene Highlights sind die 56 m lange Riesenrutsche mit zehn Kurven und der Baumhauspfad. Der Weg, der die weitläufige Anlage umrundet, ist mit dem Kinderwagen befahrbar. Unterwegs kann man planschen, spielen und klettern und sich so richtig austoben. Die Anlage ist in 5 Minuten ab der Grundschule Oberolang (Aue 16) erreichbar.

Tel. +39 0474 496277
www.olang.com/kinderwelt

SPIELGOLF WELSBERG (F 1) | In der Gemeinde Welsberg befindet sich unweit des Bahnhofs die einzige Spielgolfanlage Südtirols, die sich markant von einer klassischen Minigolfanlage unterscheidet. Hier können Kinder mit ihren Eltern erste Erfahrungen im Golfen sammeln. Die Bahnen sind mit Kunstrasen angelegt und fordern die Spieler mit natürlichen Hindernissen wie Baumstämmen, Sandbunkern und Hügeln heraus. Die 9-Loch-Anlage kann zweimal in unterschiedlichen Schwierigkeitsgraden gespielt werden. Öffnungszeiten: Mai bis September täglich 9–21 Uhr.

Bahnhofstraße
I-39035 Welsberg (BZ)
Tel. +39 0474 978436
www.gsieser-tal.com

LAMA-TREKKING (F 1) | Wer liebt sie nicht, die südamerikanischen Lamas mit ihrem freundlichen Gesicht? Der Totmoserhof im Welsberger Ortsteil Taisten bietet ein- bis dreistündige Trekkingtouren mit den Lamas an, Kinder und Eltern erfahren auf der Wanderung viel über die Haltung und die Lebensgewohnheiten der Lamas, die zur Familie der Kamele gehören. Die Wanderungen finden ganzjährig statt.

Unterrain 07
I-39035 Welsberg-Taisten (BZ)
Tel. +39 334 9887342
www.lama-trekking.it

WALDWUNDERWELT TOBLACH (I 2) | Die WaldWunderWelt ist eine Mischung aus Abenteuerspielplatz und Erlebnisweg, die zum Spielen, Kraxeln, Springen und ganz nebenbei auf spielerische und interaktive Weise zum Lernen einlädt. Eine Plattform aus Holz ist das zentrale Element, Wurzeläste führen strahlenförmig ins angrenzende Gelände mit Kletterbäumen, Spechtbaum, Fischotterrutsche, Barfußparcours, Vogelnest, Hochsprunganlage und weiteren attraktiven Elementen. Zudem erfährt man an Stationen viel Wissenswertes zu den Themenfeldern Wald, Pilze, Waldböden, Tierspuren und Geologie. Ebenfalls interessant sind das Baumhaus und das keltische Baumhoroskop. Am besten erreicht man die WaldWunderWelt vom Naturparkhaus Drei Zinnen (Grandhotel Toblach) aus.

Naturparkhaus Drei Zinnen
Dolomitenstraße 1
I-39034 Toblach (BZ)
Tel. +39 0474 973017
naturparks.provinz.bz.it/drei-zinnen/naturparkhaus.asp

NATUR

Für vielfältige Entdeckungen

Das Pustertal und seine südlichen Seitentäler – allen voran das berühmte Höhlensteintal – bieten so viele landschaftliche Höhepunkte, dass es schwerfällt, einzelne hervorzuheben. Zu den bekanntesten zählen sicher der Toblacher See und der Pragser Wildsee. Wer nicht so gut zu Fuß ist, kann vom Kronplatz aus die Traumkulisse bewundern. Der Naturpark Fanes-Sennes-Prags besticht durch dichte Bergwälder, hohe Felswände, die verkarsteten Hochflächen von Fanes und Sennes, ausgedehnte Almgebiete und artenreiche, bunte Bergwiesen.

RUNDWANDERUNG TOBLACHER SEE (I 2) | Der Toblacher See liegt von Bergwald umrahmt zwischen steilen Felsflanken am Eingang des Höhlensteintals. Der Weg dorthin: Von Toblach spaziert man zu den Häusern von Gratsch, weiter zum Wildpark und zur Gustav-Mahler-Stube mit dem winzigen Komponierhäuschen des Komponisten. Nun über Rienz und die Saghäuser zum Abfluss des nur 6 m tiefen Toblacher Sees. Man umrundet das idyllische Gewässer im Uhrzeigersinn; mehrere Schautafeln informieren unterwegs über naturkundliche Aspekte. Der Rückweg führt von den Saghäusern rechts nach Neutoblach (1.210 m). Hier lohnt im Kulturzentrum das „Naturparkhaus Sextner Dolomiten" einen Besuch. Von dort zurück ins Toblacher Ortszentrum (13,5 km, 3 ½ Std., 140 Hm).

Startpunkt: Ortszentrum Toblach (1.241 m)

DÜRRENSTEIN (H 3) | Der Dürrenstein zählt zu den lohnendsten Aussichtspunkten im Norden der Dolomiten, ist aber auch ein viel begangener Gipfel. Vom Parkplatz am Nordrand der Plätzwiese (1.973 m) zum gleichnamigen Gasthaus, dann links über Wiesen sanft bergan zum quer verlaufenden „Dolomiten-Höhenweg 3". Man verlässt ihn bereits nach 10 Minuten wieder und folgt dem Pfad, der schräg durch die kahle Südwestflanke des Bergstocks ansteigt und oberhalb der Dürrensteinalm (2.332 m) in Kehren zum Grat hinaufzieht. Am Kamm entlang zum Vorgipfel, dahinter über eine kurze Felsstufe abwärts (Drahtseil) und zum großen Kreuz am Hauptgipfel (2.839 m). Zurück auf dem Hinweg.

Startpunkt: beim Parkplatz Plätzwiese

VAL DE CIASTLINS (B/C 3) | Eine mittelschwere Runde durch das idyllische Val de Ciastlins im Naturpark Fanes-Sennes-Prags startet am See Lé dla Crëda (1.287 m). Weg 25 führt ins Tal von Ciastlins, das für seine Wasserquellen und Wasserfälle bekannt ist. Vom Ju de Senes (2.519 m), dem höchsten Punkt der Wanderung, genießt man einen Blick auf die Drei Zinnen. Vorbei an der Ütia Munt de Senes (2.176 m) bietet sich die Sennes-Hütte (2.119 m) und das Rifugio Fodara Vedla (1.966 m) für eine Einkehr an. Nun folgt ein steiler Abstieg nach Pederü (1.545 m). Von dort sind es 8 km zum Lech dla Crëda (7 Std., 24 km, 1.241 Hm ↑, 1.110 Hm ↓).

Startpunkt: Parkplatz am Lé dla Crëda (B 3)

LAGO GRAN DE FOSES (E/F 3/4) | Die mittelschwere Runde startet beim Rif. Fodara Vedla und bietet neben mehreren Einkehrhütten fantastische Ausblicke zu den Tofanas und der Cristallogruppe im Süden und zum eindrucksvollen Felsstock des Seekofels im Nordwesten. Entlang einer alten Militärstraße auf Weg 9 vorbei am Lago di Fodara ins Weidegebiet Cianpo de Crósc (Valon Scuro). Von dort auf Weg 26 über eine Steilstufe und den Croce del Griso (2.188 m) zum Lago Gran di Foses, der in einer weiten Mulde liegt. Weiter auf Weg 26 durch felsdurchsetztes Gelände zur Seekofelhütte (2.327 m). Von dort auf Weg 6 zum Törl (2.260 m) und bergab zur Sennes-Hütte (2.126 m). Nun auf Fahrweg Nr. 7 Richtung Süden zurück zum Rifugio Fodara Vedla (1.980 m; 4½–5 Std., 14 km, 810 Hm).

Startpunkt: Rif. Fodara Vedla (1.980 m)

PRAGSER WILDSEE (E 2/3) | Er zählt zu den größten Bergseen der Dolomiten und begeistert mit seiner Farbpalette, die von Grün bis Blau reicht. Der auf 1.496 m Höhe gelegene See ist mit seiner maximalen Tiefe von 36 m der tiefste See in den Dolomiten, er ist 1,2 km lang und 300 bis 400 m breit. Rund um den See führt ein 3,6 km langer Wanderweg, für den man 1½ Std. einplanen sollte (122 Hm). Zum Baden ist er mit seiner Temperatur um die 14° C zu kalt.

Startpunkt: Hotel Pragser Wildsee, Zufahrt aus dem Pustertal über das Pragser Tal

PIZ DA PERES (B 2) | Der markante Nordwestpfeiler der Pragser Dolomiten liegt am Nordwestrand des Naturparks und bietet fantastische Ausblicke. Vom Furkelsattel (1.759 m) kurz auf einer Schotterstraße (Nr. 3) und Weg 12 zur Jausenstation Ücia Picio Pré. Auf Weg 12B bis zu einem Wegkreuz und dann auf dem Steig abwechselnd links oder rechts des Westgrats bergan; zwei kürzere Passagen verlangen einen sicheren Tritt. Schließlich leitet die Wegspur in die Südflanke. Durch eine sandige Rinne und über einen Grashang erreicht man den Gipfel des Piz da Peres (2.507 m). Der Abstieg führt über den breiten Ostrücken zunächst in die Dreifingerscharte (2.330 m). Nordseitig auf Weg 3 im Zickzack durch den Geröllgraben der Dreifingerlaine bergab zu einem quer verlaufenden Weg, dem man nach links folgt (3A). Mit einem leichten Gegenanstieg durch die Nordflanke des Piz da Peres, anschließend hinunter zu einer Forstpiste und auf ihr zurück zum Furkelsattel (4 Std., 7 km, 750 Hm).

Startpunkt; Parkplatz am Furkelsattel

SCHLECHTWETTER

Für alternative Unternehmungen

Der Kronplatz bietet nicht nur viele Möglichkeiten für sportliche Aktivitäten, sondern auch zwei spektakuläre Museen: das eine ist eines von sechs Messner Mountain Museen, das andere das neu eröffnete Museum Lumen zum Thema Bergfotografie. Im Tal lohnt sich der Besuch der beiden Naturparkhäuser, die über den Naturpark Fanes-Sennes-Prags und den östlich anschließenden Naturpark Drei Zinnen informieren. Eine Reise zu den Anfängen des Tourismus bietet das Fremdenverkehrsmuseum Hochpustertal.

MESSNER MOUNTAIN MUSEUM CORONES (A/B 1) | Seit kurzem bietet der Kronplatz nicht nur eine fantastische Aussicht auf Dolomiten und Zillertaler Alpen, sondern auch Einblicke in die Geschichte des klassischen Alpinismus. An der Westseite des Gipfelplateaus liegt – halb im Berg versteckt – das von der irakisch-britischen Architektin Zaha Hadid (1950–2016) entworfene Museum. Das Museum Corones ist das sechste und letzte Haus von Reinhold Messners bekannten Museen. Geöffnet ist das Museum vom ersten Sonntag im Juni bis zum zweiten Sonntag im Oktober sowie von Ende November bis Mitte April, täglich 10–16 Uhr.

Tel. +39 0474 501350
www.messner-mountain-museum.it/corones/museum

SCHAUKÄSEREI SENNEREI DREI ZINNEN (I 2) | Für Käseliebhaber ist ein Abstecher zur Schaukäserei Drei Zinnen in Toblach ein absolutes Muss. Hier erfährt man nicht nur, wie Käse gemacht wird und reift, sondern kann auch Käsespezialitäten wie Innicher Weinkäse, Toblacher Stangenkäse, Kräuterkäse oder Pustertaler Räucherkäse anschließend vor Ort kaufen, nebst allerlei typischen Südtiroler Leckereien (Di. – Sa. 8–19 Uhr, So. 10–18 Uhr; Mitte Juli bis Mitte Sept. auch Mo.).

Pustertaler Straße 3c
I-39034 Toblach (BZ)
Tel: +39 0474 971300
www.3zinnen.it

FREMDENVERKEHRSMUSEUM HOCHPUSTERTAL (G 1/2) | Das Museum im Haus Wassermann befasst sich mit der Entwicklung des Tourismus im Hochpustertal, der Mitte des 19. Jhs. begann. Themen sind u. a. die Bedeutung der Wirtshäuser und der vielen Bäder im Tal, aber auch der Bau der Pustertaler Bahn und des frühen Alpinismus. Regelmäßig finden zudem Sonderausstellungen statt. Szenisch dargestellt werden u. a. die komfortable Unterbringung der Gäste um die Wende vom 19. zum 20. Jh., aber auch die Lebenssituation des Dienstpersonals und der Bergbevölkerung.

Hans-Wassermann-Straße 8
I-39039 Niederdorf (BZ)
Tel. +39 0474 745133
www.hochpustertal.net/kultur/museen-ausstellungen/fremdenverkehsmuseum/

LUMEN MUSEUM (A/B 1) | Das im Januar 2019 auf dem Kronplatz eröffnete Museum Lumen befindet sich am Platz der alten Bergstation in einem spektakulären Neubau. Die 1.800 m^2 große Ausstellung befasst sich mit der Faszination Berge anhand der Fotografie – thematisch unterteilt in die Bereiche Alpinismus, Natur und Kultur. Das Spektrum reicht von den Anfängen der Bergfotografie, die noch eine umfangreiche technische Ausrüstung notwendig machte, bis hin zur Gegenwartsfotografie mit deutlich kleinerem Equipment. Zu sehen sind Arbeiten europäischer und internationaler Bergfotografen sowie eine jährlich wechselnde Sonderausstellung unter dem Kuratorium von *National Geographic*.

Kronplatz-Gipfel
Tel. +39 0474 431090
www.lumenmuseum.it

NATURPARKHAUS FANES-SENNES-PRAGS (A 2) | Das ganz mit Holz verkleidete Naturparkhaus befindet sich am Eingang des Val de Mareo. Mittels interaktive Medien, Videos und Bildtafeln informiert es über das ausgedehnte Schutzgebiet. Spiralförmig über eine Rampe werden die Besucher über die Entstehung der Dolomiten, den 1987 entdeckten Höhlenbär der Conturines und die wichtigsten Lebensräume im Naturpark informiert. Fotografisch werden die schönsten Orte des Naturparks vorgestellt. Die Almwirtschaft mit ihren typischen Almdörfern, Flora und Fauna sowie die ladinische Sagenwelt sind weitere Themen.

Katharina-Lanz-Straße 96
I-39030 St. Vigil in Enneberg (BZ)
Tel. +39 0474 506120
naturparks.provinz.bz.it

NATURPARKHAUS DREI ZINNEN (I 2) | Das einstige Grand Hotel in Toblach beherbergt das Naturparkhaus. Es bietet interessante Einblicke in die Natur- und Kulturlandschaften des Naturparks Drei Zinnen und des Naturparks Fanes-Sennes-Prags, thematisiert die alpine und touristische Erschließung der Region und informiert über die Kriegsereignisse an der Dolomitenfront. Eine Dauerausstellung befasst sich mit den Dolomiten als UNESCO-Welterbe – zentrales Thema sind die geologischen und geomorphologischen Besonderheiten und die fantastischen Landschaften des Naturparks.

Dolomitenstraße 37, I-39034 Toblach (BZ)
Tel. +39 0474 973017
naturparks.provinz.bz.it/drei-zinnen/naturparkhaus.asp

WANDERTOUR 1

ÜBER DIE PRAGSER HOCHALM

1

Verstecktes Paradies in den Pragser Dolomiten

16,5 km | 5:30 h | 736 hm | 736 hm

Diese Tour finden Sie im Planquadrat E 3
Mittelschwere Tour 35 aus dem Wanderführer Dolomiten 5 Pustertal (5719)
Autoren: Eugen E. Hüsler und Manfred Kostner

START | Parkplatz (1.489 m) vor dem Pragser Wildsee; Anfahrt via Prags.
CHARAKTER | Recht lange Tal- und Höhenwanderung auf markierten Wegen. Der Abstieg von der Pragser Furkel ist rau und steil. Die ausgedehnte Hochalm ist Sommerfrische für das Vieh und Pferdeweide; das ganze Jahr über leben auf diesem versteckten Paradies „pfiffige" Nager: Murmeltiere.

Die große Runde über die Hochalm darf man getrost als Geheimtipp bezeichnen, trotz (oder gerade wegen) der Nähe von Pragser Wildsee und Seekofel (2.810 m). Da wollen alle hin, die Highlights der Pragser Berge erleben – und gleich nebenan ist der Bergwanderer (meistens) allein. Wie eben auch am Weg über die Hochalm, die weder von Norden, von Olang aus, noch aus dem Grünwaldtal überhaupt zu sehen ist. Umso größer dann die Überraschung, wenn die riesige grüne Schräge nach dem langen Aufstieg ins Blickfeld kommt.

▶ Die Wanderung beginnt als Uferspaziergang, führt vom Parkplatz (1.489 m) auf einem Fahrweg zunächst zum oberen Ende des malerischen Pragser Wildsees, dann rechts ins Grünwaldtal. Man durchwandert es auf seiner ganzen Länge und passiert dabei die Grünwaldalm (1.590 m).

Dabei bieten sich schöne Einblicke in zwei „Herzkammern" der Pragser Dolomiten, ins Seitenbach- und ins

Idylle im innersten Grünwaldtal – die Hochalmhütten; Blick auf Seekofel und Cima di Riciogogn.

Typisch für die Pragser Dolomiten – brüchiges Gestein und als Folge mächtige Schuttströme.

–Lärchental. Unübersehbar sind die gewaltigen Schuttströme, die aus ihren Flanken herabziehen, und klarmachen, weshalb diese Berge bei Kletterern keinen guten Ruf genießen. Hinter dem Alten Kaser (1.751 m) beginnt der Weg dann stärker anzusteigen.

Bei den Hochalmhütten (2.114 m) ist dann eine Pause fällig, ehe man den Weiterweg unter die Füße nimmt. Er tangiert das Joch von Slapadures (2203 m); an dem von Edelweiß übersäten Südrücken des Flatschkofels wird dann – endlich! – der Blick auf die Pragser Hochalm frei, die südseitig über mächtige Felsen ins Grünwaldtal abbricht.

Man traversiert die Schräge auf einem guten Weg, erst noch ein wenig an Höhe gewinnend, bis zu der fast 3 km entfernten Pragser Furkel (2.225 m) hinüber. Hier, am Randabbruch der Hochalm, haben die Hirten einen Zaun der besonderen Art angelegt: Eine Mauer, Stein über Stein aufgeschichtet, die sich gegen den Kaserkopf hinaufwindet. Mini-China in Südtirol?

Der Abstieg zur Kaserhütte ist steil und steinig; wen das Knie zwickt, wird hier froh um seine Wanderstöcke sein. Deutlich angenehmer dann das letzte Wegstück, vorbei am Hof Riedl und zurück zum Parkplatz am Pragser Wildsee.

WANDERTOUR 1

DER SARLKOFEL • 2378 m

Aussichtswarte über dem Pustertal

16,5 km · 6:45 h · 1190 hm · 1190 hm

Diese Tour finden Sie im Planquadrat I 2
Mittelschwere Tour 44 aus dem Wanderführer Dolomiten 5 Pustertal (5719)
Autoren: Eugen E. Hüsler und Manfred Kostner

START | Toblacher See (1.251 m) am Eingang ins Höhlensteintal. Bushaltestelle, Parkplatz beim Campingplatz.
CHARAKTER | Ausgedehnte Gipfelwanderung auf markierten Wegen; Kondition und Trittsicherheit sind hier unerlässlich. Oberhalb des Sarlsattels kurze, recht luftige Passagen, am Gipfel ein packendes Panorama.

Mit einiger Berechtigung könnte man den Sarlkofel als den „kleinen Bruder" des Dürrensteins bezeichnen: Weniger hoch, nicht so markant und auch nicht so häufig bestiegen. Letzteres stört überhaupt nicht, und die Aussicht vom Gipfel darf man durchaus als erstklassig bezeichnen, mit einem besonderen „Schmankerl": Dem Tiefblick auf den von Wald umsäumten Toblacher See (1.251 m).

▶ An seinem Ufer startet die interessante Gipfelrunde. Man folgt vom Parkplatz beim Camping dem Sandsträßchen (Naturlehrpfad), das rechts

Kurze gesicherte Passage im Anstieg zum Sarlkofel.

Haunold und Birkenkofel vom Sarlkofel.

des Sees flach taleinwärts führt und hinter dem Seemoos den Sarlgraben (1.274 m) an seiner Mündung quert. Wenig weiter gabelt sich der Fahrweg. Hier rechts und auf breiter Sandspur sehr steil bergan gegen den Predigtstuhl und unter der Hirtenmahdwand (2.184 m) zur Sarlhütte (1.720 m). Der weitere Anstieg folgt dem Sarlbach; Blickfang sind die zerklüfteten Nordabstürze des Dürrensteins. In einem weiten Rechtsbogen erreicht der Weg den Sarlriedl (2.099 m), einen Übergang ins Pragser Tal.

Nun ohne nennenswerte Höhenunterschiede um die Messnerköpfe (2167 m) herum. Links zeigt sich der Lungkofel (2.282 m; Abstecher, 40 Min. hin und zurück). Ein kurzer Anstieg leitet in den Sarlsattel (2.229 m). Hier rechts und auf schmalem Steig durch die Südflanke des Bergstocks, mit zwei luftigen Stellen (Drahtseil) hinauf zum Gipfel des Sarlkofels (2.378 m).

Der Rückweg führt vom Sarlsattel nordseitig auf gutem Steig zwischen Felsmauern hinunter zu einer Verzweigung, an der man sich rechts hält. Nun flach hinüber zum nahen Suisriedl (2.013 m), einer wenig ausgeprägten Scharte unter dem Sarlkofel. Dahinter geht es im Wald bergab zu den Rodungsflächen der Trogealm (1.631 m), wo man auf eine breite Fahrspur stößt. Sie zieht in Schleifen hinunter zur Mündung des Höhlensteintals, unterwegs Tiefblicke auf den Toblacher See bietend. Bei den Saghäusern (1.220 m) hält man sich rechts und spaziert zurück zum Ausgangspunkt.

MOVIMENTO

Per coraggiosi avventurieri

Le avventure non mancano in Val Pusteria e più verso sud. Esperienze avvincenti sono i numerosi percorsi di mountain bike che portano in alto fino ai rifugi e che in seguito offrono discese vertiginose. Anche la vista panoramica a volo d'uccello dal parapendio sulle Dolomiti e la catena principale alpina pomperà adrenalina nelle vene, almeno ai principianti. Nel periodo invernale l'area sciistica di Plan de Corones attrae con piste fantastiche e due snowpark.

TRACCIATO DI FREERIDE HERRNSTEIG (A/B 1) | Plan de Corones attira anche durante il periodo estivo tanti sportivi outdoor, tra l'altro grazie alle varie possibilità di freeride. Si può scegliere tra 6 tracciati in totale fra i quali uno di difficoltà medio-facile, due di difficoltà medio e tre di difficoltà elevata. Chi vive in pianura ha la possibilità di fare primi tentavi nel terreno alpino con qualificati istruttori freeride. È possibile noleggiare in loco le migliori bici e le necessarie protezioni. Quattro dei sei tracciati sono raggiungibili attraverso funivie. Il difficile tracciato Herrnsteig ha una lunghezza di 8 km e parte dalla vetta.

www.kronplatz.com/it/attivita/mountainbike

PARAPENDIO (A/B 1/2) | Grazie alla buona accessibilità, ai numerosi impianti di risalita e alla posizione esposta Plan de Corones è uno dei punti di partenza preferiti dai parapendisti nella Val Pusteria. Sia i partecipanti che i piloti con più esperienza possono godere di eccellenti condizioni di volo e un panorama da sogno: ad est e a sud sulle Dolomiti, a nord sulla catena principale alpina. I partecipanti possono prenotare un volo tandem.

Tandemflights Kronplatz
Via Funivia 10, I-39031 Brunico (BZ)
tel. +39 3495641605
www.tandemflights-kronplatz.com

Kronfly
Via Reiperting 27
I-39031 Brunico-Riscone (BZ)
tel. +39 340 0069399
www.kronfly.it/it/index.html

SNOWPARK A PLAN DE CORONES (A/B 1) | Il nuovo snowpark a Plan de Corones si trova tra le piste Belvedere e Plateau a 2.230 m di altezza. Lo snowpark è orientato verso sud ed è situato direttamente presso la cabinovia Belvedere. A disposizione sono una easy line, una medium rail line, una premium line e una family fun line — partecipanti come anche snowboardisti con più esperienza troveranno la line perfetta per loro. Ci sono 10 kicker (1–16 m), 7 rails e tubes, 6 box e un nightpark. Il snowpark Korer Park è situato sulla pista Korer poco lontano dalla stazione a valle di Riscone (cabinovia Korer). È dedicato soprattutto a bambini e adolescenti che possono esercitarsi sulle nuove box due volte alla settimana anche di sera.

tel. +39 0474 548 225
www.snowparkkronplatz.com

PARCO AVVENTURA DOBBIACO (I 2) | Il percorso alta fune è il più grande nella Val Pusteria e offre 13 percorsi in mezzo ad abeti e larici di diverso grado di difficoltà: alcuni vanno lungo reti, altri attraverso travi, tronchi, corde e ponti di una lunghezza tra 3 e 60 m. Il percorso più alto e più difficile si svolge ad un'altezza di 8 a 10 m. 15 impianti di flying fox assicurano tensione addizionale. La metà dei percorsi è adatta anche per bambini. Prima di affrontare il percorso tutti gli arrampicatori riceveranno un'introduzione per la sicurezza. Nei mesi di luglio e agosto il percorso alta fune è aperto ad orario continuato, nei mesi di maggio e giugno solo in alcune giornate — un calendario è disponibile sul sito web.

Via al Lago 20
I-39034 Dobbiaco (BZ)
tel. +39 333 2491500
www.abenteuerpark.it/toblach

FERRATE NEL PARCO NATURALE FANES-SENES-BRAIES | Con l'incantevole sfondo delle Dolomiti il parco naturale offre ad arrampicatori ferrate di diverso grado di difficoltà, fra cui la difficile Ferrata di Valdaora presso la Cima dei Colli Alti (D 2; 6 ore; 9 km; 1.080 m di alt.) o un'altra difficile al Sasso delle Nove (B/C 4; 8 ore e mezza; 19,4 km, 1.510 m di alt.). Quest'ultima è raggiungibile dal Rifugio Lavarella (C 4). A tutto ciò si aggiungono numerose palestre di roccia, ad es. presso il Lago di Braies o il Prato Piazza.

www.suedtirolerland.it/it/sport-e-tempo-libero/scalate-e-arrampicate/palestre-di-roccia/

SKYSCRAPER PLAN DE CORONES (A/B 1) | L'altalena gigante sulla cima di Plan de Corones a 2.275 m di altezza è dedicata ai coraggiosi. Già alla partenza bisogna avere nervi d'acciaio, visto che si viene trainati per 15 m di altezza e che ci si deve poi sganciare da soli . La ricompensa è una magnifica vista sulle Dolomiti, sulle Alpi della Zillertal e sui Monti di Fundres — da un'incredibile prospettiva. Ben assicurati si dondola nel vuoto agganciati a cavi d'acciaio. Da metà giugno fino a metà settembre.

tel. +39 0474 551500
skirama@kronplatz.org
www.kronplatz.com/it

DINAMICITÀ

Divertimento a 360 gradi

La Val Pusteria è un'incantevole destinazione turistica sia d'estate che d'inverno. Le Dolomiti sono conosciute per le vie ferrate impegnative. Ma si possono fare anche varie escursioni allettanti ai rifugi nel parco naturale Fanes-Senes-Braies. Un'alternativa è esplorare la regione in bici, o sportivi con la mountain bike o comodi con la bici da turismo in fondovalle sul percorso ciclabile della Val Pusteria. Nel periodo invernale gli sciatori sono attratti da Plan de Corones, i fondisti da lunghissime piste di fondo nella valle e nel parco naturale.

VIA PANORAMICA PLAN DE CORONES (A/B 1/2) | L'escursione con un panorama straordinario parte presso la stazione a monte e conduce dalla vetta spianata in direzione nord-est alla conca (2.153 m) davanti alla montagna Spitzhorn, prosegue lungo una strada a serpentina sempre in giù fino al rifugio Geiselsberg (2.080 m). Poi continua in senso orario su un sentiero sabbioso intorno la cima di Plan de Corones fino al Col Catovi (2.091 m) concedendo una vista sublime sul panorama delle Dolomiti di Sesto e d'Ampezzo e la Marmolada fino all' impressionante Sass de Putia. All'ascesa finale verso la stazione della funivia appaiono anche le cime ghiacciate di 3.000 m della Zillertal.

partenza: stazione a monte della funivia Plan de Corones
www.kronplatz.com/it

ESCURSIONI A CAVALLO | La Val Pusteria e il parco naturale infatuano gli amanti di cavalli non solo per l'ambiente straordinario, ma anche per le varie possibilità di esplorare il paesaggio a cavallo. Masi e maneggi offrono passeggiate a cavallo di più giorni attraverso le malghe a rifugi tradizionali con il bagaglio nella bisaccia e un accompagnatore competente. Nel periodo invernale attirano giri in slitta trainata da cavalli o giri in carrozza, ad es. a San Vigilio di Marebbe (A 2). Di una particolare popolarità godono naturalmente i cavalli avelignesi con passo sicuro adatti per ogni terreno.

S. Vigilio di Marebbe (A 2/3):
www.horsetrekking.it
Valdaora di Sopra (D 1):
www.hotelpost-tolderhof.com/it/
Valdaora di Mezzo (C/D 1):
www.tharerwirt.com/it/

AREA SCIISTICA PLAN DE CORONES (A/B 1/2) | Una delle aree sciistiche più famose dell'Alto Adige è Plan de Corones, un'ampia cima arrotondata, praticamente senza alberi, con una straordinaria vista sulla catena principale alpina e sulle cime delle Dolomiti. Gli sciatori e snowboardisti ci possono trovare 119 km di piste accessibili tra 32 moderni impianti di risalita. Spettacolare è anche la discesa serale con illuminazione artificiale. Ci sono sei discese a valle in totale , fra cui la discesa a Valdaora (6,5 km, 1.170 m di altitudine) e la discesa a San Vigilio (6 km). Inoltre c'è un collegamento verso sud al famoso percorso sciistico Sellaronda e quindi al comprensorio sciistico Dolomiti Superski. Ci sono parecchie scuole di sci e sia sulla cima che nelle località di valle San Vigilio, Valdaora, Monguelfo e Tesido è possibile noleggiare il necessario equipaggiamento.

www.kronplatz.com/it

GITA IN BICI AL LAGO DI LANDRO (I 1-4) | Attraverso la Val di Landro un percorso ciclabile conduce a uno dei laghi di montagna più belli dell'Alto Adige, il Lago di Landro. Il numero di metri di altitudine è limitato, visto che il percorso ciclabile (non asfaltato) va lungo il vecchio tracciato ferroviario da Dobbiaco a Cortina. Dalla stazione si pedala attraverso la Nordic Arena fino al Lago di Dobbiaco e si continua fino al Lago di Landro. È indispensabile fare una sosta all'hotel Drei-Zinnen-Blick (I 4) per scattare una foto delle cime più famose della regione. I ciclisti più tenaci possono proseguire fino a Cortina e ritornare al punto di partenza con un autobus di linea — durata del viaggio 1 ora e mezza; 22,1 km; 190 m di alt.

partenza: stazione di Dobbiaco (I 2)

PERCORSO CICLABILE DELLA VAL PUSTERIA | Il percorso ciclabile (Pusterbike) fa parte della pista ciclabile della Drava che, con una lunghezza di 460 km, arriva da Brunico e conduce lungo la Drava attraverso il Tirolo orientale, la Carinzia e la Slovenia fino a Eibiswald/Stiria. Da Brunico a Lienz viene chiamato anche percorso ciclabile della Val Pusteria. Verso nord si trovano i Monti del Villgraten, verso sud le Dolomiti di Sesto e di Lienz. Nell'autunno 2018 il percorso ciclabile è stato danneggiato da un temporale. Perciò è raccomandato informarsi in luogo sul risanamento progettato.

www.val-pusteria.net

PISTA DA FONDO DOBBIACO – CORTINA D'AMPEZZO | Fondisti di tutto il mondo sono attirati dalle lunghissime piste da fondo che portano nelle valli di montagna del parco naturale Fanes-Senes-Braies. Una delle più conosciute è la pista da fondo tra Dobbiaco e Cortina con una lunghezza di 42 km ma tecnicamente facile. Conduce dal centro di sci di fondo Nordic Arena a Dobbiaco (I 2, 1.200m) per la Val di Landro attraverso il Lago di Dobbiaco fino a Cimabanche, il punto più alto (H 4, 1.530 m). Prosegue a Cortina passando per Ospitale (G 5) e Fiames. Una gran parte della pista da fondo va lungo il tracciato della vecchia ferrovia che fino al 1962 collegava Dobbiaco a Cortina d'Ampezzo. Poco lontano dal Lago di Landro si gode di una magnifica vista sulle Tre Cime. È possibile ritornare a Dobbiaco in qualsiasi momento con l'autobus di linea 445.

www.altapusteria.com/sport/inverno-attivo/pista-da-fondo/dobbiaco-cortina/
orario: www.suedtirolmobil.info

BAMBINI

Dedicato ai piccoli eroi

Plan de Corones attira con la nomea di essere una montagna per famiglie, offrendo alle famiglie una varietà di attrazioni durante tutto l'anno, p. es. un villaggio indiano e un parco d'arrampicata. Nel periodo invernale dispone di aree attrezzate, un ristorante e corsi di sci per i bambini. Ma anche nelle località di valle ci si impegna per i piccoli ospiti con straordinari parchi giochi come il Mondo Bimbi di Valdaora o il Mondo Magico della foresta. Durante l'estate torrida ci si lascia attirare dalla piscina all'aperto di Monguelfo o dal lago balneabile naturale a Dobbiaco.

VIA FERRATA PER BAMBINI KIKERIKI PLAN DE CORONES (A/B 1) | Da poco tempo Plan de Corones offre alle famiglie oltre al parco d'arrampicata (percorso alta fune), anche una via ferrata per bambini che permette ai figli d'impratichirsi nello sport apprezzato dai genitori. Assicurati con un'imbracatura per bambini (che può essere sganciata solo alla fine della via ferrata) i piccoli imparano senza rischio le tecniche per percorrere le ferrate. È possibile noleggiare l'attrezzatura nel villaggio indiano. I bambini di età inferiore a 12 anni devono essere accompagnati da un genitore. I genitori che non hanno ancora esperienza possono prenotare un tour d'arrampicata guidato (da luglio a agosto) per i loro figli.

tel. +39 0474 83678
www.outdoor-kronplatz.com/it

GITA IN BARCA A REMI SUL LAGO DI DOBBIACO (I 2) E SUL LAGO DI BRAIES (E 2/3) | Sia nel Lago di Dobbiaco sia nel pittoresco Lago di Braies (immagine) si possono noleggiare piccole barche a remi durante l'estate. Mentre i bambini si divertiranno soprattutto nel movimento, i genitori possono godersi l'incantevole panorama montuoso. Per molto tempo la riva meridionale del Lago di Braies era raggiungibile esclusivamente con queste nostalgiche barche a remi.

noleggio di barche Lago di Braies (riviera settentrionale): da giugno a settembre giornalmente dalle ore 10 alle ore 17
la-palafitta.com
noleggio di barche Lago di Dobbiaco:
tel. +39 0474 973267

MONDO BIMBI VALDAORA (D 1) | Scoprire, curiosare e vivere in mezzo alla natura — questo è il motto del parco giochi naturale presso il percorso ciclabile della Val Pusteria, accessibile gratuitamente durante tutto l'anno. Il parco divertimenti contiene l'avvincente bosco magico, giochi d'acqua e un percorso di arrampicata. Le attrazioni sono senza dubbio il maxiscivolo con una lunghezza di 56 m e dieci curve, come anche le casette sugli alberi. Il sentiero intorno all'ampio parco è percorribile con la carrozzina. Durante il cammino si può sguazzare, giocare, arrampicare e sfogarsi. Si raggiunge il parco in 5 minuti dalla scuola elementare a Valdaora di Sopra (via Aue 16).

tel. +39 0474 496277
www.olang.com/mondobimbi

„SPIELGOLF" MONGUELFO (F 1) | Nel comune di Monguelfo, vicino alla stazione, si trova l'unico campo da „Spiel-Golf" in Alto Adige che si distingue notevolmente da un campo da golf classico. I bambini possono vivere le prime esperienze di golf con i genitori. Le piste coperte da un tappeto erboso artificiale sfidano i giocatori con ostacoli naturali come tronchi, mucchi di sabbia e colline. Si può percorrere il campo a 9 buche due volte con diverso grado di difficoltà. Orario d'apertura: da maggio a settembre giornalmente dalle ore 9 alle ore 21.

Via stazione
I-39035 Monguelfo (BZ)
tel. +39 0474 978436
www.gsieser-tal.com

TREKKING CON LAMA (F 1) | Chi non ama i lama sudamericani con il loro muso simpatico? Il maso Totmoserhof a Tesidio, una frazione di Monguelfo, offre passeggiate con lama della durata da una a tre ore. Durante la passeggiata, i bambini e i genitori imparano molto sull'allevamento e le condizioni di vita dei lama che appartengono alla famiglia dei cammelli. Si fanno passeggiate durante tutto l'anno.

Riva di sotto 07
I-39035 Monguelfo-Tesido (BZ)
tel. +39 334 9887342
www.lama-trekking.it

MONDO MAGICO DELLA FORESTA DOBBIACO (I 2) | Il Mondo Magico della foresta è un insieme di parco giochi e sentiero avventura che invita a giocare, a arrampicare, a saltare e, in modo giocoso e interattivo, a imparare. L'elemento centrale è una piattaforma in legno; radici epigee portano, in forma di raggi, all'area limitrofa con alberi per arrampicare, un albero dei picchi, uno scivolo della lontra, un percorso per camminare a piedi nudi, un nido d'uccelli, una struttura di salto in alto e tanti altri elementi d'attrazione. Inoltre si impara molto sul bosco, i funghi, i terreni boschivi, le tracce di animali e la geologia attraverso varie stazioni. Di interesse sono anche la casetta sull'albero e l'oroscopo celtico degli alberi. Il Mondo Magico della foresta è facilmente raggiungibile dal Centro visite del parco naturale Tre Cime (Grand Hotel Dobbiaco).

Centro visite Tre Cime
Via Dolomiti 1, I-39034 Dobbiaco (BZ)
tel. +39 0474 973017
parchi-naturali.provincia.bz.it/tre-cime/centro-visite.asp

NATURA

Scoperte dalle mille sfaccettature

La Val Pusteria e le valli laterali meridionali, prima di tutto la famosa Val di Landro, presentano tantissimi paesaggi eccezionali ed è difficile metterne in rilievo alcune singole. Fra i più conosciuti annoverano sicuramente il Lago di Dobbiaco e il Lago di Braies. Chi non si considera un buon camminatore ha l'opportunità d'ammirare il panorama da sogno da Plan de Corones. Il parco naturale Fanes-Senes-Braies affascina con fitti boschi di montagna, alte pareti rocciose, gli altipiani calcarei di Fanes e Senes, malghe vaste e pascoli colorati ricoperti di tutti tipi di fiori.

PASSEGGIATA CIRCOLARE SUL LAGO DI DOBBIACO (I 2) | Il Lago di Dobbiaco è incorniciato dal bosco tra i ripidi pendii rocciosi all'ingresso della Val di Landro. Per arrivarci: da Dobbiaco si passa alle case di Gratsch, al parco naturale e alla „Stube" di Gustav Mahler con la minuscola casa del compositore. Ora, sopra Rienz e il Saghäuser fino al deflusso del Lago di Dobbiaco, profondo solo 6 m. È possibile fare il giro delle acque idilliache in senso orario; diversi pannelli informativi forniscono informazioni sulla storia naturale. La via del ritorno porta da Saghäuser a destra verso Dobbiaco Nuovo (1.210 m). Qui merita una visita il centro culturale del parco naturale delle Dolomiti di Sesto. Dal luogo, si torna al centro di Dobbiaco (13,5 km, 3 ore e mezza, 140 m).

partenza: Centro città di Dobbiaco (1.241 m)

VALLANDRO (H 3) | Vallandro è uno dei belvederi più apprezzati nelle Dolomiti settentrionali, ma anche una vetta molto frequentata. Dal parcheggio al margine settentrionale del Prato Piazza (1.973 m) all'albergo omonimo, si prosegue a sinistra attraverso i prati in leggera salita fino all'Alta Via delle Dolomiti n. 3 che ci passa attraverso. La si deve lasciare già dopo 10 minuti e seguire il sentiero che sale in linea diagonale tra i brulli pendii ripidi sudoccidentali del massiccio e che al di sopra della malga di Vallandro (2.332 m) conduce alla cresta. Proseguire lungo la cresta fino a una prima cima, poi da dietro scendere brevemente attraverso uno scalino roccioso (fune metallica) per raggiungere la gran croce sulla vetta principale (2.839 m). Ritornare per la stessa via d'andata.

partenza: parcheggio Prato Piazza

VAL DE CIASTLINS (B/C 3) | Un'escursione ad anello di media difficoltà attraverso l'idillica Val de Ciastlins nel parco naturale Fanes-Senes-Braies parte dal lago Lé dla Crëda (1.287 m). Il sentiero n. 25 porta nella Val di Ciastlins conosciuta per le sorgenti e cascate. Dal Ju de Senes (2.519 m), il punto più alto dell'escursione, si può godere di una vista sulle Tre Cime. Passando per la Ütia Munt de Senes (2.176 m) è opportuno fare una sosta nel Rifugio Senes (2.119 m) o il Rifugio Fodara Vedla (1.966 m). Segue una discesa ripida a Pederü (1.545 m). Da lì ci sono ancora 8 km fino al Lé dla Crëda (7 ore, 24 km, 1.241 metri di altitudine ↑, 1.110 metri di altitudine ↓).

partenza: parcheggio presso il lago Lé dla Crëda (B 3)

LAGO GRAN DE FOSES (E/F 3/4) | L'escursione di media difficoltà parte presso il Rif. Fodara Vedla e offre, oltre a parecchi rifugi per fare una sosta, incantevoli viste alle Tofane e il Gruppo del Cristallo verso sud e alle rocce impressionanti della Croda del Becco verso nord-ovest. Si cammina lungo una vecchia strada militare sul sentiero n. 9 passando per il Lago di Fodara fino al pascolo Cianpo de Crósc (Valon Scuro). Da lì proseguire sul sentiero n. 26 attraverso uno scalino ripido e la Croce del Griso (2.188 m) fino al Lago Grande de Fosses situato in un'ampia conca. Continuare sul sentiero n. 26 a terreno roccioso fino al Rifugio Biella alla Croda del Becco (2.327 m). Da lì prendere il sentiero n. 6 al Törl (2.260 m) e scendere al Rifugio Senes (2.126 m). Ritornare verso sud sul sentiero carrozzabile n. 7 fino al Rif. Fodara Vedla (1.980 m; 4 ore e mezza, 14 km, 810 m di alt.).

partenza: Rif. Fodara Vedla (1.980 m)

LAGO DI BRAIES (E 2/3) | Situato ad un'altezza di 1.496 m è uno dei laghi di montagna più grandi delle Dolomiti e affascina con il suo spettro di colori dal verde all'azzurro. Il lago lungo 1,2 km e largo tra 300 e 400 m è il più profondo delle Dolomiti (profondità massima di 36 m). Intorno al lago conduce un sentiero di 3,6 km per la cui percorrenza è prevista una durata di 1 ora e mezza (122 m di altitudine). Con una temperatura di circa 14°C è troppo freddo per bagnarsi.

partenza: Hotel Lago di Braies, accesso dalla Val Pusteria attraverso la Valle di Braies

PIZ DA PERES (B 2) | Questa splendida vetta delle Dolomiti di Braies si trova al margine nord-ovest del parco naturale e concede magnifiche viste panoramiche. Dalla Sella di Furcia (1.759 m) camminare brevemente su una strada di ghiaia (n. 3) e il sentiero n. 12 verso l'area di sosta Ücia Picio Pré. Proseguire sul sentiero n. 12B fino a una croce di legno e poi salire alternativamente da sinistra o da destra lungo la cresta occidentale; due passaggi brevi richiedono un passo sicuro. Finalmente il sentiero conduce al pendio meridionale. Tra un canalone sabbioso e un pendio erboso si raggiunge la vetta del Piz da Peres (2.507 m). La discesa va lungo l'ampio dorso orientale fino alla forcella Tre Dita (2.330 m). Scendere a zigzag dal lato settentrionale sul sentiero n. 3 tra la fossa detritica della Dreifingerlaine (Tre Dita) fino a un sentiero di traverso che viene seguito a sinistra (3A). Dopo una leggera ascesa tra il pendio settentrionale del Piz da Peres, scendere fino a un sentiero forestale lungo il quale ritornare alla Sella di Furcia (4 ore, 7 km, 750 m di altitudine).

partenza: parcheggio presso Sella di Furcia

MALTEMPO

Per alternative di intrattenimento

Plan de Corones non offre solamente numerose possibilità di attività sportive, ma anche due musei spettacolari: il primo è uno dei sei Messner Mountain Museum, l'altro è il Lumen Museum inaugurato recentemente che si dedica al tema della fotografia di montagna. Nella valle meritano una visita i due Centri visite che informano sul parco naturale Fanes-Senes-Braies e il parco naturale Tre Cime che confina ad est. Il Museo del Turismo Alta Pusteria offre uno sguardo alle radici del turismo.

MESSNER MOUNTAIN MUSEUM CORONES (A/B 1) | Da poco tempo Plan de Corones offre non solo una magnifica vista panoramica sulle Dolomiti e le Alpi della Zillertal, ma dà anche impressioni sulla storia dell'alpinismo tradizionale. Nella parte occidentale dell'altipiano, sulla vetta, si trova — parzialmente nascosto nella montagna — il museo progettato dall'architetta irachena-brittanica Zaha Hadid (1950-2016). Il Museum Corones è il sesto e ultimo edificio dei famosi musei di Reinhold Messner. Il museo è aperto dalla prima domenica di giugno fino alla seconda domenica di ottobre, come anche da fine novembre a metà aprile, giornalmente dalle ore 10 alle ore 16.

tel. +39 0474 501350
www.messner-mountain-museum.it/it/corones/museo/

MONDOLATTE LATTERIA TRE CIME (I 2) | Per gli amanti del formaggio la visita del Mondolatte Tre Cime a Dobbiaco è assolutamente imperdibile. Lì non vengono spiegati solamente i processi della produzione e la fermentazione del formaggio, ma c'è anche la possibilità di comprare in loco, oltre a ghiottonerie tipiche altoatesine, specialità di formaggi come il formaggio al vino San Candido, l'originale Dobbiaco, il formaggio alle erbe o il formaggio affumicato dalla Val Pusteria (ma - sa dalle ore 8 alle ore 19, domenica dalle ore 10 alle ore 18; da metà luglio a metà settembre anche lunedì).

Via Pusteria 3c
I-39034 Dobbiaco (BZ)
tel. +39 0474 971300
www.3zinnen.it/it

MUSEO DEL TURISMO ALTA PUSTERIA (G 1/2) | Il museo situato nell'edificio Haus Wassermann si occupa dello sviluppo del turismo nell'Alta Pusteria che è iniziato a metà dell'Ottocento. I temi trattati sono tra l'altro il fascino delle locande e delle numerose sorgenti termali nella valle, ma anche la costruzione della ferrovia della Val Pusteria e il primo alpinismo. Inoltre vengono regolarmente organizzate mostre straordinarie. Rappresentazioni sceniche mostrano tra l'altro l'alloggiamento confortevole degli ospiti durante la svolta dall'Ottocento al Novecento, ma anche la situazione di vita del personale del servizio e della popolazione di montagna.

Via Hans-Wassermann 8
I-39039 Villabassa (BZ)
tel. +39 0474 745133
www.altapusteria.com/cultura/musei-mostre/museo-turismo-alta-pusteria/

CENTRO VISITE FANES-SENES-BRAIES (A 2) | Il Centro visite coperto interamente di legno si trova all'inizio della Val di Marebbe. Attraverso media interattivi, video e panelli vengono fornite informazioni sulla vasta area protetta. Una rampa a forma di spirale conduce i visitatori dalla formazione delle Dolomiti, alla scoperta dell'orso delle Conturines nel 1987 e agli habitat più importanti del parco naturale. Fotografie mostrano i posti più belli del parco. Altri temi sono l'alpicoltura con i paesini tipici, la flora e la fauna, come anche il mondo delle leggende ladine.

Via Katharina Lanz 96
I-39030 San Vigilio di Marebbe (BZ)
tel. +39 0474 506120
www.parchi-naturali.provincia.bz.it

LUMEN MUSEUM (A/B 1) | Il Lumen Museum, inaugurato a Plan de Corones a gennaio 2019, è situato al posto dell'ex stazione a monte in una nuova costruzione spettacolare. La mostra ha una superficie di 1.800 m^2 e si dedica al fascino delle montagne attraverso la fotografia — divisa tematicamente tra i settori alpinismo, natura e cultura. Racconta la storia dagli inizi della fotografia da montagna che richiedeva ancora una vasta attrezzatura tecnica fino alla fotografia del presente, con molto equipaggiamento in meno. Si possono vedere le opere di fotografi da montagna europei e internazionali come anche una mostra straordinaria del consiglio di sorveglianza di National Geographic che viene cambiata annualmente.

vetta di Plan de Corones
tel. +39 0474 431090
www.lumenmuseum.it

CASA DEL PARCO NATURALE TRE CIME (I 2) | L'ex Grand Hotel di Dobbiaco ospita la casa del parco naturale. Offre spunti interessanti dei paesaggi naturali e culturali del Parco Naturale Tre Cime e del Parco Naturale Fanes - Sennes - Braies, si concentra sullo sviluppo turistico e alpino della regione e informa sugli eventi della guerra sul fronte dolomitico. Una mostra permanente si occupa delle Dolomiti come patrimonio mondiale dell'UNESCO: il tema centrale sono le caratteristiche geologiche e geomorfologiche e i fantastici paesaggi del Parco Naturale.

Via Dolomiti 37
I-39034 Dobbiaco
tel. +39 0474 973017
parchi-naturali.provincia.bz.it/tre-cime/centro-visite.asp

CAMMINATA 1

AL DI LÀ DELLA MALGA ALTA

un paradiso nascosto nelle Dolomiti di Braies

16,5 km | 5:30 h | 736 m | 736 m

Questo percorso è disponibile nel riquadro E 3
Tour di media difficoltà 35 della guida escursionistica Dolomiti 5 (5719)
Autori: Eugen Hüsler e Manfred Kostner

PARTENZA | Parcheggio (1.489 m) davanti il Lago di Braies; arrivo via Braies.
CARATTERISTICHE | Escursione di valle e montagna abbastanza lunga su sentieri segnati. La discesa dalla Forcella di Braies è selvaggia e ripida. La vasta Malga Alta è luogo di villeggiatura estiva per bovini e pascolo per cavalli; durante tutto l'anno in questo paradiso nascosto vivono „fischiettanti" roditori: le marmotte.

Il giro lungo fino alla Malga Alta può essere considerata tranquillamente un suggerimento d'esperto, malgrado (o proprio a causa) della prossimità del Lago di Braies e la Croda del Becco (2.810 m). Tutti ci vogliono andare per vivere le attrazioni delle montagne di Braies — e l'escursionista ci si trova (di solito) da solo, come anche sul sentiero verso la Malga Alta, che non è visibile né da nord, da Valdaora, né dalla Val Foresta. Così è ancora più grande la sorpresa quando dopo la lunga salita si intravede un grande piano inclinato verde.

▶ L'inizio della passeggiata conduce dal parcheggio (1.489 m) al margine superiore del pittoresco Lago di Braies attraverso un sentiero carrozzabile, poi verso destra nella Val Foresta. Si attraversa interamente la valle, passando per la Malga Val Foresta (1.590 m).

Camminando si possono avere magnifiche impressioni di due „ventricoli del cuore" delle Dolomiti di Braies, la Val-

Idillio in mezzo alla Val Foresta: le Malghe Colle Alti; vista sulla Croda del Becco e la Cima di Riciogogn.

Caratteristico delle Dolomiti di Braies: rocce friabili e come conseguenza colate di ghiaia.

le Seitenbachtal e la Valle Lärchental. Quello che attira l'attenzione sono le enormi colate di detriti di pietre sui pendii che fanno capire la cattiva reputazione di queste montagne tra gli arrampicatori. Dietro l'Alten Kaser (1.751 m) il sentiero comincia a diventare molto più ripido.

Presso le Malghe Colle Alti (2.114 m) è consigliato fare una sosta prima di continuare l'ascesa che porta al Passo di Slapadures (2.203 m). Dal dorso meridionale del Flatschkofel pieno di stelle alpine si vede — finalmente! — la Malga Alta di Braies che degrada verso sud alla Val di Foresta tra rocce impressionanti.

Si attraversa il piano inclinato su un sentiero ben preparato salendo prima ancora per alcuni metri di altitudine fino alla Forcella di Braies (2.225 m) a una distanza di quasi 3 km. Lì, al margine estremo della Malga Alta, si trova un recinto particolare costruito dai pastori: un muro, pietra su pietra si arrampica verso il Kaserkopf. Una Cina minuscola in Alto Adige?

La discesa al rifugio Kaserhütte è ripida e pietrosa; chi ha le ginocchia deboli sarà grato di aver portato i bastoni da montagna. Molto più comoda è finalmente l'ultima parte del sentiero, passando per l'albergo Riedl di ritorno al parcheggio presso il Lago di Braies.

CAMMINATA 2

MONTE SERLA • 2378 m

2

belvedere sulla Val Pusteria

16,5 km 6:45 h 1190 m 1190 m

Questo percorso è disponibile nel riquadro I 2
Tour di media difficoltà 44 della guida escursionistica Dolomiti 5 (5719)
Autori: Eugen Hüsler e Manfred Kostner

PARTENZA | Lago di Dobbiaco (1.251 m) all'entrata della Val di Landro. Fermata dell'autobus, parcheggio presso il campeggio.
CARATTERISTICHE | Lunga escursione in vetta su sentieri segnati; sono necessari una buona condizione fisica e un passo sicuro. Al di sopra della Sella Serla brevi passaggi piuttosto ventilati, panorama accattivante sulla vetta.

Ci sono diverse ragioni che permettono di considerare il Monte Serla il „fratello minore" del Picco di Vallandro: meno alto, meno impressionante e meno frequentato. Questo non è per niente un disturbo e la vista panoramica dalla vetta si può definire del tutto eccezionale, con una specialità particolare: la vista in basso sul Lago di Dobbiaco (1.251 m) incorniciato dal bosco.

▶ La riva del lago è il punto di partenza dell'interessante escursione in vetta. Si segue la stradina sabbiosa (sentiero na-

Breve passaggio assicurato all'ascesa verso il Monte Serla.

Vista sul Monte Baranci e la Croda dei Baranci dal Monte Serla.

tura) dal parcheggio presso il campeggio, che a destra del lago conduce in piano verso la valle e incrocia il Fossato Serla (1.274 m) alla foce dietro la palude del lago Seemoos. Poco dopo il sentiero carrozzabile si biforca. Proseguire a destra e sull'ampio tracciato sabbioso, molto ripido in salita verso il Predigtstuhl e sotto la Hirtenmahdwand (2.184 m) fino al rifugio Sarlhütte (1.720). L'ascesa continua lungo il ruscello Sarlbach; attirano l'attenzione i pendii frastagliati del Picco di Vallandro. In un'ampia curva a destra il sentiero conduce al Sarlriedl (2.099 m), da dove è possibile passare alla Valle di Braies.

Continuare ora intorno alle Messnerköpfe (2.167 m) con un monimo dislivello. A sinistra si vede il Monte Lungo (2.282 m; una scappata, 40 min andata e ritorno). Un'ascesa breve conduce alla Sella Serla (2.229 m). Proseguire a destra e salire su un sentiero stretto attraverso il pendio meridionale del monte con due passaggi ventilati (con fune metallica) alla vetta del Monte Serla (2.378 m).

Si torna dalla Sella Serla dal lato settentrionale su un sentiero ben preparato tra muri rocciosi giù fino a un bivio, mantenendosi a destra. Continuare in piano verso il vicino Suisriedl (2.013 m), un valico non molto marcato sotto il Monte Serla. Poi scendere attraverso il bosco all'area di dissodamento della Malga Troge (1.631 m) da dove si raggiunge un'ampia strada che, a serpentine, porta giù allo sbocco della Val di Landro concedendo una vista in basso al Lago di Dobbiaco. Continuare a destra presso le Saghäuser (1.220 m) per ritornare al punto di partenza.

ACTION

For those looking for adventure

Plenty of action-packed activities are awaiting you in the Puster Valley and the region in the South of it. The numerous mountain bike trails will have you climbing high up to mountain huts before offering rapid downhill tracks. For beginners, the bird's eye view given by paragliding over the Dolomites' rocks and the Alpine divide will certainly cause an adrenaline rush. In winter, the ski resort Kronplatz allures sports enthusiasts with great pistes and two snow parks.

DOWNHILL TRAIL HERRENSTEIG (A/B 1) | Also in summer, Kronplatz is attractive for outdoor sportsmen; because of its numerous freeride possibilities. You can choose between 6 trails: one for beginners, two which require advanced abilities and three difficult ones. If you are from the lowlands, book a qualified Freeride Guide and you'll get used to the alpine terrain very quickly. In one of the many local rental shops, you'll also find the appropriate gear, like bikes and protectors. Four of the six trails can be reached via cable cars. The starting point of the 8-km-long Herrensteig-Trail is at the peak of the mountain.

www.kronplatz.com/en/acitivities/mountainbike

PARAGLIDING (A/B 1/2) | Thanks to its easy accessibility and exposed position, Kronplatz is one of the most popular starting points for paragliders in the Puster Valley. Beginners as well as experienced pilots can take advantage of excellent flight conditions and amazing views: In the East and South over the rocky Dolomites, in the North over the Alpine divide. If you are a beginner, book a tandem flight!

Tandemflights Kronplatz
Seilbahnstraße 10, I-39031 Bruneck (BZ)
Tel. +39 349 5641605
www.tandemflights-kronplatz.com

Kronfly
Reiperting 27
I-39031 Bruneck-Reischach (BZ)
Tel. +39 340 0069399
www.kronfly.it

SNOWPARKS AT KRONPLATZ (A/B 1) | Kronplatz has just set up a new snow park between the slopes Belvedere and Plateau at an altitude of 2.230 m. It is south-facing and located next to the Belvedere cable car. Beginners and experienced snowboarders will get their money's worth and can choose between an easy line, a medium line, a premium line and a family fun line. There are 10 kickers (1-16m), 7 rails and tubes, 6 boxes and a night park. For children and teenagers, we recommend the Korer Park. You can find it on the Korer slope, close to the valley station of Reischach (gondola lift Korer). Twice a week, it's even possible to practice on the boxes there in the evening.

Tel. +39 0474 548 225
www.snowparkkronplatz.com

ADVENTURE PARK TOBLACH (I 2) | This is the biggest high rope course of the Puster Valley and offers 13 courses of different levels of difficulty passing through spruce and larch forests. Along cargo nets and zip lines, over beams, logs and from 3 up to 60 m long bridges. The highest and most challenging course is 8 to 10 m above the ground. 15 Flying Fox sections ensure additional action. Each climber will get initial safety instructions. The adventure park is open throughout the whole period of July and August. In May and June however, on a daily basis only - Find your date by checking out the calendar on the website.

Seeweg 20
I-39034 Toblach (BZ)
Tel. +39 333 2491500
www.abenteuerpark.it/toblach

VIA FERRATAS IN THE FANES-SENNES-PRAGS NATURE PARK | This nature park not only offers a magnificent Dolomites backdrop but also via ferratas of different levels of difficulty for sports climbers. Two difficult routes are the Olanger via ferrata under the Hochalpenkopf (D 2; 6h, 9 km, 1'080 alt. difference) and the via ferrata leading up to the Neunerspitze (B/C 4; 8 ½ h, 19,4 km, 1'510 alt. difference). But there are also numerous climbing gardens, at Lake Prags and on the alpine high plateau of Plätzwiese for example.

www.sentres.com/de/naturpark-activities/climbing-and-mountaineering/climbing-gardens/

SKYSCRAPER KRONPLATZ (A/B 1) | The giant swing on the top of Mount Kronplatz (2'275m) is nothing for the faint-hearted. You already need nerves of steel to be able to get to the starting position: You will be pulled up to a height of 15 m where you have to „pull the strings" on your own. The reward is a marvelous view over the Dolomites, the Zillertal Alps and the mountain chain of Pfunders – from a quite unusual perspective. You'll be swinging through the alpine air, well secured and hanging on steel cables of course. From mid-June until mid-September.

Tel. +39 0474 551500
skirama@kronplatz.org
www.kronplatz.com

ACTIVE

For recreational fun

The Puster Valley is an attractive destination for your summer and winter holidays. The Dolomites are known for their challenging via ferratas. The Fanes-Sennes-Prags nature park however, is also a perfect place for great hiking tours to mountain huts. Otherwise, you can discover the region by bike, in a sporty or chilled way by mountain or touring bike, on the cycle path in the bottom of the Puster Valley. In wintertime skiers head for Kronplatz, cross-country skiers for the miles and miles of tracks in the valley and nature park.

PANORAMIC PATH KRONPLATZ (A/B 1/2) | This tour offers many wonderful views and starts at the top station. In the northeastern part of the flattened mountain top, it leads down to the Spitzhorn's ridge (2'153 masl) then over a winding road to the hut Geiselbergerhütte (2'080 masl). Now follow the road around the Kronplatz peak clockwise until you reach the hill Col Catovi (2'091 masl). Throughout the tour, you have an unobstructed view over the alpine panorama: the Sexten and Ampezzo Dolomites, the Marmolada and the striking silhouette of the Peitlerkofel. During the final climb to the cable car station you can even get a glance at the over 3'000-meters-high, glaciated Zillertal Alps' mountain peaks.

Starting point: top station of the Kronplatz cable car
www.kronplatz.com

TRAIL RIDING | Horse enthusiasts love the Puster Valley and the local nature park for its outstanding backdrop and the many possibilities to discover the landscape on horseback. Many equestrian farms offer guided rides lasting several days. You're your luggage stowed in the side bags and a competent guide in front of you, these bring you to different alps and the typical quaint huts. And don't miss out on winter specials like horse carriage or sledges rides in St. Vigil in Enneberg (A 2). The Haflinger is a very popular horse breed, as it has proved performing safely in mountainous terrain.

St. Vigil in Enneberg (A 2/3): Horse Trekking Mareo, www.horsetrekking.it
Oberolang (D 1): riding school Tolderhof, www.hotelresort-tolder.com
Mitterolang (C/D 1): Tharerhof, www.tharerwirt.com

SKI RESORT KRONPLATZ (A/B 1/2) | Kronplatz is one of the best-known ski areas of South Tyrol. It offers a broad, mainly treeless top with a unique panoramic view over the Alpine divide and the rocky Dolomites peaks. All in all, 119 kilometers of pistes, easily accessible thanks to 32 modern lift plants, are waiting for skiers and snowboarders. The local night skiing race in floodlight is a very popular event. There is a total of six downhill tracks, like the one to Olang (6,5 km, 1.170 alt. difference) or to St. Vigil (6 km). In the South, there is also a good connection to the Sellaronda circuit and the Dolomiti Superski ski resort. There are various skiing schools and rental shops offering the necessary gear on the peak as well as in the Valley's villages St. Vigil, Olang, Welsberg and Taisten.

www.kronplatz.com

CYCLE TOUR TO LAKE DÜRRENSEE (I 1-4) | There is a cycle path leading through the entire Höhlensteintal valley up to one of the most beautiful mountain lakes of South Tyrol: Lake Dürrensee. As the path follows the old roadbed from Toblach to Cortina, the altitude difference covered is limited. Starting from the train station you cycle past the cross-country stadium to the Toblach lake and then to lake Dürrensee. You absolutely have to plan a photo stop at the hotel Drei-Zinnen-Blick (I 4) which offers a great view to the famous Three Peaks. Well-trained cyclists can continue the tour to Cortina (40 km in total) and return to the starting point by bus – Duration of 1 ½ h Fahrzeit, 22,1 km, 190 m alt. difference.

Starting point: train station Toblach (I 2)

PUSTERBIKE CYCLE PATH | This track is part of the 460-km-long Drau Cycle Path which leads form Bruneck alongside the river Drau through parts of East Tyrol, Carinthia and Slovenia to Eibiswald in the Austrian state of Styria. Between Bruneck and Lienz however, it is also called Pusterbike Cycle Path. On its northern side, there are the Villgrat mountains and on the southern side, the Sexten and Lienz Dolomites. In the autumn of 2018, the cycle path was badly damaged in a violent storm. It is therefore recommended to inform yourself on site about the path's planned reconstruction.

www.pustertal.org

CROSS-COUNTRY TRAILS TOBLACH – CORTINA D'AMPEZZO | Cross-country skiers from everywhere are drawn to the kilometers of trails which lead to the mountain valleys in the Fanes-Sennes-Prags nature park. One of the best-known trails, yet technically simple, is the 42-km-long trail between Toblach and Cortina. From the cross-country center Nordic Arena in Toblach (I 2, 1'200 m) it leads through the Höhlensteintal valley past the Toblach lake to Gemärk, its highest point (H 4, 1'530 m). Afterwards, you'll pass Ospitale (G 5) and Fiames before reaching Cortina. There are more trails following the old roadbed which used to connect Toblach and Cortina d'Ampezzo until 1962. Not far from lake Dürrensee, you can enjoy the famous Three-Peaks-View. To return back to Toblach, hop on the public bus 445 at any time.

www.hochpustertal.net/sport/winteraktivurlaub/
time tables: www.suedtirolmobil.info

KIDS

For little heroes

Kronplatz advertises itself as a family-friendly mountain offering many attractions for families, like a teepee village and climbing facilities. In winter, there are various areas, a restaurant and skiing courses especially for children. But the little ones are also entertained in the villages in the valley, in the Kids World Valdora in Olang or the Celtic woodland playground (called Wald-Wunder-Welt). On hot summer days, everyone heads either for the public outdoor pool in Monguelfo or the bathing lake in Toblach.

KIKERIKI THE VIA FERRATA FOR KIDS AT KRONPLATZ (A/B 1) | Only lately, Kronplatz has added a new attraction for families to the already existing high-ropes-course. A via ferrata to enthuse children with this sports climbing. Thanks to the special climbing harness (which cannot be opened before the very end) the children can safely learn the skills and techniques of climbing. You can rent the gear in the teepee village. Children under the age of 12 must be accompanied by a parent. Parents without any experience in climbing can book guided climbing tours for their children (in July and August).

Tel. +39 0474 836768
www.outdoor-kronplatz.com

BOAT RIDE ON LAKE TOBLACH (I 2) AND LAKE PRAGS (E 2/3) | On Lake Toblach as well as on the picturesque Lake Prags (photo) you can rent small rowboats in the summertime. While children will love the action, parents can enjoy the majestic mountain backdrop. For a long time, the southern bank of lake Prags was accessible by one of these nostalgic rowboats only.

Rent a boat at Lake Prags:
June–September daily
from 10 a.m. – 5 p.m.
Rent a boat at Lake Toblach:
Tel. +39 0474 973267

KIDS WORLD VALDORA OLANG (D 1) | Discover, experience and live nature – that's the slogan of the natural playground, accessible for free and all year round, next to the Pusterbike cycle path. This adventure playground offers an exciting woodland playground, a water world and a climbing world. The site's uncontested highlights are the 56-m-long giant slide with ten bends and the treehouse path. The spacious facility is circuited by a path on which you can also easily carry along buggies. On the way, you can splash around, play, climb and let off any steam. The playground is a 5-minutes' walk away from the elementary school of Ober-Olang (address: Aue 16).

Tel. +39 0474 496277
www.olang.com/kidsworld

SPIELGOLF MONGUELFO (F 1) | In the municipality of Monguelfo, close to the train station, you will find the only 9-hole-putting-course of South Tyrol, which differs remarkably from a classic mini golf facility. Children and parents can gain first experiences in golfing here. The holes are laid out with artificial grass and challenge the players with natural obstacles like tree trunks, sand traps and hills. You can do the whole course twice in different levels of difficulty.
Opening hours: May – September, daily from 9 a.m. – 21 p.m.

Bahnhofstraße
I-39035 Welsberg (BZ)
Tel. +39 0474 978436
www.gsieser-tal.com

LLAMA-TREKKING (F 1) | Who doesn't love the South American Llamas with their friendly faces? The farm Totmoserhof in Taisten (parish of Welsberg) offers one- to three-hours llama trekking tours. During the tour, children and parents will learn a lot about the keeping and the life habits of llamas, which are part of the family of camels. Tours can be booked throughout the whole year.

Unterrain 07
I-39035 Welsberg-Taisten (BZ)
Tel. +39 334 9887342
www.lama-trekking.it

WALDWUNDERWELT TOBLACH (I 2) | This Celtic woodland playground houses an adventure playground and an experience path and is the perfect place for playing, climbing, jumping and learning in a playful and interactive way. The central element is a wooden platform, from which branches lead to the adjoining area with exciting elements for climbing trees and giant bird nests, exploring the inside of hollow trees, sliding, walking on barefoot paths, jumping facilities and others. In addition to that, you'll learn many interesting facts about the forest, mushrooms, forest floor, paw prints and geology. The tree house and the Celtic tree horoscope are interesting too. Best reachable via the Drei Zinnen Visitor Center.

Drei Zinnen Visitor Center
Dolomitenstraße 1
I-39034 Toblach (BZ)
Tel. +39 0474 973017
nature-parks.provinz.bz.it/drei-zinnen/nature-park-visitor-center.asp

NATURE

For fascinating discoveries

There are too many scenic eye candies in the Puster Valley and its southern side valleys – with the famous Höhlensteintal leading the way – to highlight single ones. Lake Toblach and Lake Prags belong to the best-known sites. If, however, you aren't able to walk long distances, enjoy the magnificent backdrop at Kronplatz. The Fanes-Sennes-Prags nature park captivates with its dense mountain forests, high rock faces, the karstified plateaus of Fanes and Sennes, broad pasture regions and biodiverse, colorful alpine meadows.

LAKE DOBBIACO CIRCULAR PATH (I 2) | The Lake Dobbiaco lake is surrounded by forest between the steep cliffs at the entrance to Höhlensteintal valley. From Toblach, take the path to Gratsch, past the wildlife park and the „Gustav-Mahler-Stube" (with the tiny house in which Mahler composed). Next via Rienz and Saghäuser to the outflow of the lake (just 6 m in depth). Walk around the idyllic lake in a clockwise direction; there are several boards with information on natural phenomena. Go back to Saghäuser and turn right to Neutoblach (1210 masl). The cultural centre in the Sexten Dolomite nature reserve is well worth a visit. From there, back to the centre of Toblach (13.5 km, 3 ½ h, 140 mcec).

starting point: Toblach centre (1241 masl)

DÜRRENSTEIN (H 3) | The Dürrenstein is one of the most rewarding view points in the northern Dolomites. Starting from the parking area on the northern edge of the high plateau Plätzwiese (1'973 m), you walk in the direction of the guest house, named Plätzwiese too. Continue over Wiesen gently uphill to the „Dolomiten-Höhenweg 3". Already after 10 minutes, you'll leave this route and follow the path diagonally through the stark southwestern flank of the alpenstock above the alp Dürrensteinalm (2'332 m) winding up to the ridge. Alongside the mountain ridge to the subpeak behind which you'll go downhill over a rocky step (guy line) and to the summit cross on the main peak (2'839 m). Return on the same way.

starting point: parking area Plätzwiese

VAL DE CIASTLINS (B/C 3) | This tour of moderate difficulty through the idyllic Val de Ciastlins valley in the Fanes-Sennes-Prags nature park starts at the Lé dla Crëda lake (1'287 masl). The path 25 leads into the valley of Ciastlins which is known for its springs of water and waterfalls. Enjoy a wonderful view over the Three Peaks form the Ju de Senes peak (2'529 masl), the highest point of this point. Having passed the hut Ütia Munt de Senes, make a break at a hut like the Sennes (2'119 m) or the Rifugio Fodara Vedla (1'966 m) before continuing on the steep downhill to Pederü (1'545 m). From here, you are an 8-km-walk away from the Lé dla Crëda lake (7 h, 24 km, 1.241 msl ↑, 1.110 msl ↓).

Starting point: parking area at Lé dla Crëda (B 3)

LAGO GRAN DE FOSES LAKE (E/F 3/4) | This tour of average difficulty starts at the hut Rifugio Fodara Vedla and leads past several other huts offering fantastic views over the Tofana peaks and the Cristallo ridge in the South and to the impressive rock face of the Seekofel in the Nortwest. Next to a former military road, on path 9 (Weg 9) pass the Lago di Fodora lake to reach the pastureland Cianpo de Crósc (Valon Scuro). Now take the steep path 26 (Weg 26) leading over the Croce del Griso (2'188 masl) to Lago Gran di Foses being located in a wide basin. Path 6 to the Törl (2'260 masl) and downhill to the Sennes hut (2'126 masl). Take road numer 7 southwards to return to the Rifugio Fodora Vedla (1'980 masl; 4½ – 5 h, 14 km, 810 alt. difference).

Starting: Rifugio Fodara Vedla

LAKE PRAGS (E 2/3) | Lake Prags is one of the largest mountain lakes in the Dolomites and stands out due to its range of colors, from green to blue. Located at an altitude of 1'496 masl, this lake is due to its maximum depth of 36 m the deepest lake in the Dolomites. It is 1.2 km long and 300 to 400 m wide. Plan 1 ½ h to surround the lake on the 3.6 km long hiking trail (122 alt. difference). It is not recommended to swim in the lake due to its average water temperature of 14°C (57,2°F).

start: Hotel Pragser Wildsee, coming from the Puster Valley take the Prags side valley

PIZ DA PERES (B 2) | This striking peak of the Prags Dolomites is located on the northwestern edge of the nature park and offers dreamlike views. Starting at the Furkelsattel (1'759 masl) take the gravel road (no. 3) and path 12 (Weg 12) to the resting point Ücia Picio Pré. Then follow path 12B to a roadside Calvary then the left or right path leading uphill over the western mountain ridge; be careful on two short difficult parts. Afterwards the path leads into the southern flank. Through a sandy basin and over a grassy slope you reach the summit of Piz da Peres (2'507 masl). At first the descent leads over the broad eastern ridge to the wind gap of the Dreifingerspitze (2'330 masl). Take path 3 on the northern side and go zigzag ways downhill over the talus until it meets a path which you'll follow leftwards (3A). After a slight uphill through the northern flank of Piz da Peres, follow the forest road to return back to Furkelsattel.

Starting point; parking area at Furkelsattel

RAINY DAYS

For indoor adventures

Kronplatz cannot only offer many possibilities for sports activities, but also two spectacular museums: one of the six Messner Mountain Museums and the new LUMEN, the Museum of Mountain Photography. But a visit of the two nature park centers informing about the Fanes-Sennes-Prags nature park and the Three Peaks nature park east of it. Or, take a journey to the very beginnings of tourism at the Tourism Museum Alta Badia.

MESSNER MOUNTAIN MUSEUM CORONES (A/B 1) | Only recently, Kronplatz has added another site to its fantastic panoramic viewpoints over the Dolomites and the Zillertal Alps: A museum dedicated to the history of classic alpinism. On the peak plateau's western side – partly hidden inside of the mountain – you'll find the museum, designed by the Iraqi-British architect Zaha Hadid (1950-2016). It's named Corones and represents the sixth and last house of the well-known Reinhold Messner Museums. Opened from the first Sunday in June until the second Sunday of October as well as form the end of November until mid-April, daily from 10 a.m. – 4 p.m.

Tel. +39 0474 501350
www.messner-mountain-museum.it/corones/museum

SHOW DAIRY THREE PEAKS (I 2) | Cheese lovers cannot miss out on a visit at the show dairy Three Peaks in Toblach. You won't only learn everything about cheese production, but you will also find local cheese delicacies like the Innicher wine cheese, Toblacher pole cheese, herb chese or typical smoked cheese from the Puster Valley all together in one single shop next to other delicious specialties of South Tyrol (Tues. – Sat. 8a.m.–7p.m., Sun. 10a.m.–6p.m.; mid-July until mid-September also on Mondays).

Pustertaler Straße 3c
I-39034 Toblach (BZ)
Tel: +39 0474 971300
www.3zinnen.it

TOURISM MUSEUM ALTA BADIA (G 1/2) | The museum inside the house Wassermann (lit.: Aquarius) is dedicated to the development of tourism in Alta Badia, which began in the middle of the 19th century. Topics like the importance of the local guest houses and the numerous baths in the valley are addressed, but also the construction of the Puster railway and the early alpinism. It regularly hosts special exhibitions. Aspects, like the comfortable accommodation standards around the turn of the 19th to the 20th century and the living situation of the service staff and mountain people, are shown in a scenic way.

Hans-Wassermann-Straße 8
I-39039 Niederdorf (BZ)
Tel. +39 0474 745133
www.hochpustertal.net/kultur/museen-ausstellungen/fremdenverkehsmuseum/

LUMEN MUSEUM (A/B 1) | The Museum LUMEN was opened in January 2019 and is situated in a spectacular new building on the area of the old top station. On an exhibition area of 1'800 sqm the museum dedicates photographs to the fascinating nature of mountains – divided into three thematic areas: alpinism, nature and culture. It offers a broad range of works: form the beginnings of alpine photography, for which one needed a lot of technical equipment, to contemporary photography, for which a lot less equipment is needed. Come and admire artworks from European and international alpine photographers as well as an annually changing special exhibition under the board of National Geographic.

Kronplatz-Gipfel
Tel. +39 0474 431090
www.lumenmuseum.it

FANES-SENNES-PRAGS NATURE PARK CENTER (A 2) | The wood covered building of the nature park center is located at the entry of the Val de Mareo valley. Interactive medias, videos and panels inform about the broad sanctuary. Following the spirally winding ramp, visitors learn about the formation of the Dolomites, the in 1987 first discovered remains of the Conturines cave bear and the most important livelihoods of the nature park. Its most beautiful spots are presented on photographs. Topics like alpine agriculture and the typical alpine villages, flora and fauna as well as the Ladin legends and myths are covered.

Katharina-Lanz-Straße 96
I-39030 St. Vigil in Enneberg (BZ)
Tel. +39 0474 506120
naturparks.provinz.bz.it

DREI ZINNEN/TRE CIME NATURE PARK VISITOR CENTER (I 2) | The former Grand Hotel in Toblach is now home to the visitor centre. It offers fascinating insights into the natural and cultivated landscapes of the „Three Peaks" and the Fanes-Sennes-Prags nature park, describes the development of tourism here and the events of wartime on the Dolomite front. There is a permanent exhibition on the Dolomites as a UNESCO world heritage site – core themes are the geological and geomorphic features and the remarkable scenery here.

Dolomitenstraße 37
A-39034 Toblach
Tel. +39 0474 973017
nature-parks.provinz.bz.it/drei-zinnen-tre-cime-nature-park.asp

HIKING TOUR 1

OVER THE PRAGS HIGH ALP

1

Hidden paradise in the Prags Dolomites

16,5 km | 5:30 h | 736 m | 736 m

You'll find this tour in the grid square E 3
intermediate tour 35 from the hiking guide Dolomiten 5 Pustertal (5719)
authors: Eugen E. Hüsler and Manfred Kostner

START | Parking area (1'489 masl) at Lake Prags; access via Prags
CHARACTER | Rather long and high-altitude hike on waymarked trails. The descent from the Pragser Furkel is rough and steep. Cattle and horses spend the summertime on the broad alpine area of Hochalm; the whistles of the smart marmots shrill throughout the whole year.

You could consider this long tour an insiders' tip, despite (or precisely because of) the proximity to Lake Prags and the Seekofel (2'810 masl). Everyone wants to go there and experience the highlights of the Pragser mountains – alpine hikers aside are (usually) alone. As for instance on the trail over the Hochalm area invisible from the North, Olang or even the Grünwaldtal valley. Therefore, after the long ascent, you will be all the more surprised once you get the first glance at this giant green slope.

▶ Starting at the parking area (1'489 masl), you'll walk around the shore of the picturesque Lake Prags to its upper end. Then turn right and wander through the entire Grünwaldtal valley going past the Grünwaldalm alp (1'590 masl).

On your way, you will have beautiful views into two of the most fascinating valleys of the Prags Dolomites: the Seitenbach and Lärchental val-

The idyll in the heart of Grünwaldtal valley – the Hochalm huts; view over Seekofel and Cima di Riciogogn.

Typical for the Pragser Dolomites – crumbly rock and the resulting immense debris flow.

ley. Inevitably, you will spot the immense debris flows descending from the flanks, which are the reason, why climbers avoid these mountains. The path will become steeper behind the Alter Kaser (1'751 masl).

You might take a break at the Hochalmhütten huts (2'114 masl) and enjoy the marvelous scenery. The route then takes you closer to the col of Slapadures (2203 masl); as soon as you reach the ridge of Flatschkofel, you – finally – spot the Pragser Hochalm area whoch on its southern side slopes down in the Günwaldtal valley. Cross the slope on the steady way, walking slightly uphill at first, then on to the Pragser Furkel (2'225 masl). Here, on the edge of Hochalm, shepherds built a wall of the special kind. This barrier consists of hundreds of stones, one above the other and makes its way up to Kaserkopf. A bit of China in South Tyrol?

The descent to Kaser hut is steep and rocky; if you suffer from knee problems, trekking poles might be a good idea for this part. The last part will be much more pleasant, walking past the farm Riedl Hof and back to the parking area at Lake Prags.

HIKING TOUR 2

THE SARLKOFEL • 2378 masl

2

Panoramic plateau over the Puster Valley

16,5 km | 6:45 h | 1190 m | 1190 m

You'll find this tour in the grid square I 2
intermediate tour 44 from the hiking guide Dolomiten 5 Pustertal (5719)
authors: Eugen E. Hüsler and Manfred Kostner

START | Lake Toblach (1'251 masl) at the entrance to the Höhlensteintal valley. Bus stop, parking area at camping.

CHARAKTER | An extensive summit tour on marked trails; good condition and sure-footedness are absolutely required. The tour includes short quite exposed passages, above the mountain saddle of Sarlsattel and a stunning panoramic view from the summit.

It is quite legitimate to call the Sarlkofel the mount Dürrenstein's „small brother": lower, less distinctive and less frequently climbed which shouldn't bother the hikers. Don't be too modest and call the view from the summit „first-class". It offers a special treat: a clear view of the Toblach See surrounded by woodland (1'251 masl).

The scenic summit tour starts at its shore. Follow the small sandy road

Short secured passage in the ascent to Sarlkofel.

View to Haunold and Birkenkofel from the Sarlkofel.

(Naturlehrpfad) on the right side of the lake leading from the camping's parking area gently into the valley then behind the marshland Seemoos over the estuary os Sarlgraben (1'274 masl). The track will then split into two. Take the right sandy and wide one. After this steep uphill toward the Predigtstuhl and under the Hirtenmahdwand mountain face (2'184 masl), you'll reach the Sarlhütte hut (1'720 masl). The further ascent follows the river Sarlbach; the rugged rockslides on the northern side of Dürrenstein will for sure catch your eye. In a right-hand arc the track culminates on the Sarlriedl (2'099 masl), which is a crossover to the Pragser valley.

A rather even path now leads around the Messner peaks (2'167 masl). On your left you'll see the Lungkofel (2'282 masl; plan 40 mins for a side trip). A short ascent leads on the Sarlsattel (2'229 masl). Take the narrow path on the right side through the southern flank of the alpenstock. Go past the two challenging passages (guy line) to reach the summit of Sarlkofel (2'378 masl).

Return on the steady path beginning at the northern side of Sarlsattel which between walls of rock leads you down to a junction where you keep right. Now on an even track over to the close Suisriedl (2'013 masl), a less distictive ridge under the Sarlkofel. Continue on the path behind it leading you through forest to the forest clearing area of Trogealm (1'631 masl) where you reach a broad but winding road. Follow it down to the estuary of the Höhlensteintal valley. Again and again you'll come over magnificent viewpoints over Lake Toblach. Keep right at the small village of Saghäuser and return to the starting point.

HÜTTEN UND ALMEN

BAITE E RIFUGI/ALPINE HUTS AND REFUGES

Für neuen Aufschwung/Per una nuova ripresa/For relaxation and recovery

Bewirtschaftungszeiten und Telefonnummern können sich kurzfristig ändern, daher bitte bei Bedarf Kontakt mit der Hütte aufnehmen.
Gli orari di attività e i numeri di telefono possono cambiare rapidamente, si prega pertanto di contattare la baita in caso di necessità.
Opening times and telephone numbers can change at short notice, so it is advisable to contact operators in advance.

Almhütte Plätzwiese/ Malga Prato Piazza
H3
+39 348 7043059

Bergfreundehütte
A/B1
bergfreundehuette.de.tl

Brunstalm/Malga Brunst
E2
+39 327 842 0777
www.olang.info

Dürrensteinhütte/ Rifugio Vallandro
H4
+39 0474 972505
www.vallandro.it

Faneshütte/ Rifugio Fanes
C4
+39 0474 453001
www.rifugiofanes.com

Fodara Vedla, Rifugio
D/E 4
+39 348 8537471
www.fodara.it

Jú Furcia, Hotel
B2
+39 0474 501805
www.furcia.info

Graziani, Ücia
A/B 1/2
+39 0474 501158
www.graziani.bz

Grünwaldalm
E2/3
+39 340 7106895

Herzlalm
B1
+39 0474 548414
kronplatz-gastro.com/ Herzlalm.html

Hochalmhütte/ Uces de Fojedöra
C2
+39 340 8713719

Huberalm
B1
+39 348 4409645
www.olang.info

Kronplatzhütte/ Rif. CAI Plan de Corones
A/B1
+39 340 6198106
www.caibrunico.it

Kronplatz-Restaurant
B1
+39 0474 548414
kronplatz-gastro.com

E1 = Planquadrat = bewirtschaftet = Übernachtungsmöglichkeit = Sommerbetrieb = Winterbetrieb
E1 = Riquadro = servito = pernottamento = esercizio estivo = esercizio invernale
E1 = Map square = Serves food = Accommodation = Open in summer = Open in winter

La Crusc Heiligkreuz, Schutzhaus
A4
+39 0471 839874
www.lacrusc.com

Lavarellahütte/ Rifugio Lavarella
C4
+39 0474 501094
www.lavarella.it

Lee, Ütia
A4
+39 347 2383927
www.rifugiolee.it

Marchner, Skihütte
B/C 2
+39 348 013 1981
www.skihuette marchner.it

Nagler, Ütia
A4
+39 335 6932118
www.utianagler.it

Obereggeralm
C1
+39 347 5220122
www.obereggeralm.com

Pederü, Rifugio
D4
+39 0474 834316
www.pederue.it

Seekofelhütte (Rifugio Biella).

Pices Fanes, Malga/ Kleine Faneshütte
C4
+39 346 354 3254

Plätzwiese, Berggasthof/ Rifugio Prato Piazza
H3
+39 0474 748650
www.plaetzwiese.com

Prackenhütte
B1
+39 0474 592003

Ra Stua, Rifugio
E/F4
+39 0436 5753
www.malgarastua.com

Rossalmhütte/ Baita del Cavallo
F3
+39 340 686 4917
rossalmbz.wordpress.com

Seekofelhütte/Rif. Biella
E3
+39 340 6198106
+39 0436 866991
rifugiobiella.it

Sennes-Hütte/Rif. Senes
D/E3
+39 0474 646355
www.sennes.com

Stolla Alm/Malga Stolla
G/H4
facebook.com/ www.stollaalm.it/

= unbewirtschaftet = keine Übernachtungsmöglichkeit = kein Sommerbetrieb = kein Winterbetrieb
= non servito = nessun pernottamento = non attivo in estate = non attivo in inverno
= No food = No accommodation = Closed in summer = Closed in winter

IMPRESSUM/COLOPHON/IMPRINT

1. Auflage 2023 Verlagsnummer 145 ISBN 978-3-99121-589-9

Text/Testo/Text: Raphaela Moczynski
Titelbild/Foto di copertina/Cover picture: Pragser Wildsee/lago di braies
(©Alberto Masnovo - stock.adobe.com)

Bildnachweis/Crediti fotografici/Picture credits:
S./p./p. 2: Die Cristallogruppe hinter dem Dürrensee/The Cristallo group behind the Lake Dürren (Rene Hartmann/www.fotolia.com).

Alle **Bilder/Tutte le immagini/All pictures: Eugen E. Hüsler und/e/and Manfred Kostner.**
Mit Ausnahme der folgenden Bilder/Eccetto le immagini seguenti/Except the following pictures:
S./p./p. 8/22/36 links/sinistra/left: mezzotint_fotolia; S./p./p. 8/22/36 rechts/destra/right: sasimoto/www.fotolia.com; S./p./p. 12/26/40 links/sinistra/left: Inka/www.fotolia.com; S./p./p. 12/26/40 rechts/destra/right: Simon Dannhauer/www.fotolia.de; S. 14/28/42 links/sinistra/left: Tourismusverband Hochpustertal Toblach (M. Santini); S./p./p. 16/30/44 rechts/destra/right: Joanda/www.pixelio.de; S./p./p. 52/53: Almidylle im innersten Grünwaldtal: die Hochalmhütten. Blick auf Seekofel und Cima di Riciogogn**/Idillio in mezzo alla Val Foresta: le Malghe Colle Alti; vista sulla Croda del Becco e la Cima di Riciogogn./Alpine idyll in the heart of Grünwaldtal valley — the Hochalm huts; view over Seekofel and Cima di Riciogogn.**

Alle Angaben und Routenbeschreibungen wurden nach bestem Wissen gemäß unserer derzeitigen Informationslage gemacht. Die Wanderungen wurden sehr sorgfältig ausgewählt und beschrieben, Schwierigkeiten werden im Text kurz angegeben. Es können jedoch Änderungen an Wegen und im aktuellen Naturzustand eintreten. Wanderer und alle Kartenbenützer müssen darauf achten, dass aufgrund ständiger Veränderungen die Wegzustände bezüglich Begehbarkeit sich nicht mit den Angaben in der Karte decken müssen. Bei der großen Fülle des bearbeiteten Materials sind daher vereinzelte Fehler und Unstimmigkeiten nicht vermeidbar. Die Verwendung dieser Karte + Aktiv Guide erfolgt ausschließlich auf eigenes Risiko und auf eigene Gefahr, somit eigenverantwortlich. Eine Haftung für etwaige Unfälle oder Schäden jeder Art wird daher nicht übernommen. Für Berichtigungen und Verbesserungsvorschläge ist die Redaktion stets dankbar. Korrekturhinweise bitte an folgende Anschrift:

Tutte le indicazioni e le descrizioni degli itinerari sono state realizzate con scienza e coscienza e secondo le informazioni attualmente disponibili. Le escursioni sono state selezionate e descritte con la massima cura accennando i livelli difficoltà all'interno dei testi. Si possono però verificare eventuali modifiche dei percorsi e del patrimonio naturale corrente. Gli escursionisti e gli utenti delle mappe sono tenuti a prestare attenzione al fatto che le condizioni dei percorsi, per quanto riguarda la loro accessibilità, non corrispondano alle indicazioni delle mappe a causa delle costanti modifiche. Per questo motivo non si possono escludere isolati errori ed incongruenze per via della grande quantità di materiale trattato. L'uso della presente Carta escursioni + Aktiv Guide avviene esclusivamente a proprio rischio e pericolo, pertanto sotto la propria responsabilità. Per questo motivo l'azienda non si assume nessuna responsabilità di eventuali incidenti o danni di qualsiasi natura. La redazione ringrazia sempre per le eventuali correzioni e proposte di miglioramento. Inviare le indicazioni sulle correzioni al seguente indirizzo:

All information and route descriptions contained in this publication have been provided to the best of our knowledge, in accordance with the information available to us at the time of publication. The hikes have been carefully selected and described, accompanied by a brief outline of the level of difficulty in the text. Nonetheless, the trails or nature conditions may be subject to change. Hikers and all map users are therefore advised to take into account that due to constantly changing trail conditions, accessibility encountered may not always be compatible with the information provided in the hiking guide. Furthermore, due to the abundance of information provided, minor errors and discrepancies may occur. The use of this hiking map + active guide is at your own risk, at your own peril. The user therefore agrees to accept sole responsibility. No liability shall be assumed for any accident or damage of any kind as a result. The editorial office welcomes any corrections or suggestions for improvement. Please send your suggestions to the following address:

KOMPASS-KARTEN GMBH
Karl-Kapferer-Straße 5
A-6020 Innsbruck
www.kompass.de/service/kontakt